Marcus Deminco

EU & MEU AMIGO DDA

Autobiografia de um Portador do Transtorno do Déficit de Atenção com Hiperatividade (TDAH)

Marcus Deminco

Marcus Deminco

Copyright © 2019 — Marcus Deminco

Formatação e Diagramação

Carolina Mello Teixeira

Criação de Capa

Erick Cerqueira (Marketing & Design)

D381

Deminco, Marcus
    Eu & Meu Amigo DDA / Marcus Deminco —Salvador
Marcus Deminco, 2019.
    136 p.
    ISBN: 9781794409033

1. Transtorno do Déficit de Atenção com Hiperatividade. 2. Autobiografia. 3. TDAH. I. , .

II. Título.

CDU 616.89

Ficha catalográfica elaborada pelo Sistema Universitário de Bibliotecas (SIBI/UFBA),

----

Se você procura uma leitura prazenteira, leve e serena, que faça o tempo passar ligeiro e despercebido, como uma brisa suave de fim de tarde, recomendo os livros de qualquer outro autor mais comedido, ameno e formoso. Eu não escrevo para leitores delimitados pelas letras, nem para olhos subordinados às palavras. Aos sem imaginação — que enxergam somente o que as vistas revelam — creio que cartões postais, fotografias e revistas coloridas, valerão muito mais do que a minha busca visceral para tentar suscitar em palavras tudo àquilo que verdadeiramente sinto. (Marcus Deminco)

SUMÁRIO

SOU ANDARILHO PEREGRINO
Trem sem trilho
Gramíneas sem milho
Maquinista valdevino

SOU ANDARILHO PEREGRINO
Peralvilho sem chegada
Bicho campesino
Correndo pela estrada

SOU ANDARILHO PEREGRINO
Com alma de aventureiro
Espírito forasteiro
E sonho de menino

SOU ANDARILHO PEREGRINO
Remendeiro do passado.
Vidente paladino
De futuro indecifrado

SOU ANDARILHO PEREGRINO
Cego romeiro errante
Perdido de mim, clandestino
Fugido da vida, viajante

SOU ANDARILHO PEREGRINO
Garimpeiro de ilusão
Na gruta incerta do destino
Passarinho sem alçapão

SOU ANDARILHO PEREGRINO
Destemido caçador
Adulto pequenino
Semente de lavrador

SOU ANDARILHO PEREGRINO
Vagamundo alienado
Missivista traquinino
Estafeta sem recado.

SOU ANDARILHO PEREGRINO
Funâmbulo da fatalidade.
Passadas de bailarino
Galgando felicidade.

Nota Sobre a 2ª Edição

LANÇADO em Setembro de 2006, durante a 1ª Quinzena Nacional de Leitura em comemoração aos 78 anos da Livraria Siciliano, EU & MEU AMIGO DDA é o primeiro relato autobiográfico feito por um jovem portador do Transtorno do Déficit de Atenção/Hiperatividade (TDA/H). Através de uma narrativa despudorada, envolvente e descontraída, Marcus Deminco descreve parte das suas inquietantes aventuras ao decurso de uma vida inteira repleta de devaneios, exageros, perigos, fantasias e muita intensidade: das traquinices na infância às palhaçadas e rebeldias dentro das salas de aula, passando por suas arriscadas experiências com drogas, e os segredos que lhe impulsionaram a fazer a capa da revista G-magazine.

O livro relata ainda, como se deu à descoberta do TDA/H, as adversidades mais frequentes decorrentes da Dislexia, alguns efeitos da Ritalina (Cloridrato de Metilfenidato) durante o início do tratamento, e encerra com depoimentos surpreendentes de outras pessoas diagnosticadas com Transtorno. Embora veiculado de maneira independente, comercializado em poucas livrarias, e divulgado somente através de sites, comunidades, e blogs da internet, o livro vendeu mais de 3.000 exemplares, e rendeu ao autor o título de Doutor Honoris Causa – conferido pela Brazilian Association of Psychosomatic Medicine – em reconhecimento a contribuição científica, e relevância social da obra.

Durante a consecução para o lançamento desta sua 2ª edição, foram inseridos novos capítulos, contemplando os acontecimentos mais relevantes, polêmicos e/ou engraçados que sucederam a sua 1ª edição: dados atualizados sobre o Transtorno, algumas respostas do autor quanto as intermitentes notícias infundadas que propagam a falsa ideia de que possam existir dúvidas quanto à existência do TDA/H, além de acrescentado novos depoimentos de outras pessoas, igualmente diagnosticadas com o transtorno, e relatado de forma escancarada como realmente funciona o erudito rufianismo dentro do mercado editorial brasileiro. Sobretudo, entre uma famosa Senhora diretora, e os seus subalternos alcoviteiros de um dos maiores grupos editoriais nacionais. Menos comedido ainda nas palavras, revela como foi o seu breve relacionamento com essa tal Senhora, considerada por muitos como uma das personalidades mais influentes do mercado editorial brasileiro. E com certo constrangimento, confidencia como ela o seduziu de modo ardiloso para usurpar dele todos os dados que validassem o investimento na publicação de livros sobre o Transtorno do Déficit de Atenção/Hiperatividade (TDA/H).

De maneira autêntica e singular, o autor apresenta uma narrativa transparente e desinibida sobre algumas consequências produzidas por uma mente inquieta, distraída e desassossegada. E expressando particularidades da sua própria personalidade, explica como ocorrem as irrefletidas atitudes impulsivas, sem a premeditação de qualquer tempo que lhe permita avaliar antecipadamente, os possíveis efeitos. Ocorre de maneira tão impetuosa que, somente depois ele consegue perceber o que foi feito e/ou falado.

Contudo, dentre as diferentes histórias constituídas pelas suas próprias vivências, e expressadas através das páginas deste livro, pode-se ler relatos de alegria, tristeza, momentos de entusiasmo, desinteresse, contradição. Episódios divertidos, inusitados, tensos, perigosos. Instantes de descontentamento, apatia, solidão, euforia, inquietação, frustrações, derrotas, recomeços, tentativas, incompreensões, conquistas, desleixo, indiferença, etc. Mas, acima de tudo, destaca-se em seu conteúdo, o retrato de uma vida inteira marcada por muita adversidade, e superação.

"Devo reconhecer que – se em grande parte – não ter conseguido relançá-lo através de nenhuma editora tenha me deixado parcialmente desanimado, ao menos assim, isento de qualquer tipo de acordo, formal ou tácito, que me limitasse a agir sob determinadas condições, e livre de qualquer forma de convenção, expressa ou implícita, que regulasse ou inibisse o meu comportamento, não hesitei (nem por motivo, conveniência, muito menos por vontade) em descrever algumas verdades sobre a estreita ligação, e a conduta indecorosa entre os mais renomados especialistas nacionais em TDA/H e o Laboratório Novartis (fabricante da Ritalina), a omissão da Agência Nacional de Vigilância Sanitária (ANVISA) diante da ação criminosa praticada por esse mesmo laboratório, e algumas considerações que tentam desconsiderar, em relação aos escusos motivos que influenciam no excesso do consumo de Ritalina no Brasil [...] E por que não me calei diante de toda absurdidade que presenciei? É porque nutro imenso desrespeito pelos omissos, pois eu sempre preferi carregar todo peso das minhas atitudes, que andar com o vazio passivo daqueles que nunca se atrevem. Prefiro correr o risco de desagradar qualquer pessoa com a minha sinceridade, que a subtração do meu pensamento pela conveniência. Prefiro a crítica sobre o que digo, que todo o silêncio covarde que adormece na isenção contida daqueles que se abstém do mundo. Enfim, eu prefiro jogar o jogo da vida, que assisti-la de longe, escondido nas sombras das arquibancadas".

Prefácio da 1ª Edição

NESSE novo século, observamos uma enormidade de questionamentos envolvendo a cientificidade, principalmente quando nos referimos à mente humana, haja vista que as concepções organicistas relacionadas à loucura e afins estão sendo colocadas como algo ultrapassado. Uma grande prova disso são as teses atuais que retiram a esquizofrenia da hereditariedade e a coloca como um surto psicótico proveniente das relações sociais, inclusive familiares.

Dentro deste prisma de mudanças ululares caem por terra concepções reinantes nos séculos passados — nativadas no positivismo e no cartesianismo — onde qualquer relação psicótica impossibilita o indivíduo de conviver socialmente. Atualmente, até a normalidade está sendo questionada. Basta observar que nas empresas modernas o viciado em trabalho, normalmente um estressado, é um ser em extinção profissional.

Grandes gênios fizeram da arte uma suprema visibilidade social e de existência eterna. Nesta amplitude, encontra-se o

Distúrbio de Déficit de Atenção, ou simplesmente **DDA**, que de forma errônea tem conceituações preconceituosas e deformadas, onde se afirma psicopatologicamente por profissionais da área da saúde mental, tratar-se de algo que impossibilita o portador deste distúrbio de produzir socialmente e intelectualmente. Isto se trata de um ledo engano.

Tive o honroso prazer de conhecer o então modelo, e especialista em atividade física **Marcus Deminco**, durante o curso de capacitação profissional em Educação Física, realizado em nível de extensão universitária em parceria com o Conselho Regional de Educação Física Bahia/Sergipe (CREF-13), onde ele era aluno e eu me encontrava na condição de Coordenador. Tornamo-nos amigos e o incentivei a produzir uma obra na qual ressaltasse o valor social dos Portadores de Déficit de Atenção, estimulando-os na superação das adversidades e na recuperação da autoestima. Eis aqui o fruto desse incentivo.

Acreditamos sinceramente que este trabalho editorial será o primeiro passo para uma longa caminhada, como diz um velho ditado chinês: "abrirmos as portas mentais para outros que com este mesmo distúrbio se percebam de uma nova e real maneira, ou seja, como pessoas capazes e bastante intelectualizadas".

Parabéns a este autor pelo pioneirismo e pela coragem de expor com palavras claras e objetivas algo que ficará na história da saúde mental. Esperamos que os cientistas da área de Saúde Mental aceitem a tese de Blaise Pascal que sempre dizia: "Não me envergonho de mudar de opinião, porque não me envergonho de pensar". Portanto, devemos sempre mudar de ideias, sobretudo, quando elas podem causar erros que envolvam vidas humanas.

———————

José Augusto Maciel Torres: Doutor (PhD) em Psicologia e Filosofia pela Cambridge International University (Inglaterra), Psicanalista, Doutor Honoris Causa em Medicina Tradicional Chinesa pela Universidad de Los Pueblos de Europa (Espanha) e Cambridge International University (Inglaterra) e em Ciências (Universidade de SRI-LANKA), Ex-diretor da Faculdade Apoio, Ex-coordenador da Faculdade de Artes Ciências e Tecnologias (FACET) e Faculdade Dois de Julho, Ex-professor de Psicologia na Faculdade São Salvador, FACET e Faculdade Dois de julho, Coordenador da pós-graduação em Psicanálise da FACET e da pós-graduação em psicopedagogia da Faculdade São Salvador.

Prefácio da 2ª Edição

ATUALMENTE trabalho como psiquiatra em São Paulo capital. Possuo uma formação acadêmica mais diversa do que isso e um pano de fundo geral ainda mais diverso e caótico. Mas, também com a sua porção de sofrimento e solidão. A última se dava por dois motivos, primeiro nasci com dom (muito caro no meu caso) da inteligência, segundo que nasci com problemas físicos e mentais. A maioria dos quais eu demorei anos para entender, imagine os pobre profissionais aos quais fui levado desde infância. As coisas só mudaram quando eu encontrei um psiquiatra tão inteligente quanto eu e cujo sofrimento era semelhante.

Atendi o **Marcus Deminco** logo após meu encontro com o **TDAH**. Ou seja, eu passei pela faculdade de medicina e residência médica e não sabia o que era **TDAH**, então não se surpreenda se seu psicólogo ou psiquiatra também não souber. Há 10 anos era realmente uma área ainda mais nebulosa e pouco considerada em adultos ou pessoas inteligentes. Mas o **MARCUS** tinha o **TDAH**, era inteligente e já havia, inclusive, lançando a primeira edição deste livro, além de ter escrito outros dois. Mantivemos uma rápida identificação, amizade e respeito desde então.

Acredito que a intenção deste livro é que o leitor encontre uma maneira fácil de criar esse tipo de identificação com a coexistência do **TDAH**, inteligência e idade adulta. Reconhecendo a mesma em si ou em qualquer outra pessoa de sua convivência. Isso é cada vez mais importante quando o **TDAH** e outros transtornos mentais sofrem ao mesmo tempo preconceito pela sociedade e negação pelos seguidores de *Foucault* e da *anticiência* acadêmica.

Daniel Minahim: Médico Psiquiatra (CRM-SP 144214), Especialista em Psiquiatria da Infância e Adolescência. Mestre e Doutorando pela Faculdade de Medicina da Universidade de São Paulo (FMUSP). Fundador do Instituto Brasileiro de Superdotação e Alterações do Neurodesenvolvimento. E pioneiro no tratamento de duplo-excepcionais no Brasil: Superdotação + **TDAH**, Autismo, Dislexia, Bipolaridade e transtornos de aprendizagem.

CAPÍTULO 9

Manual Comportamental de DDA para DDA (Sem Ritalina)

IDEIAS podem ser apenas desejos tímidos e secretos, perpetuando-se obscuras por toda a vida indecisa de muitos covardes. Ou podem ser externadas e colocadas à prova, fora da imaginação ilimitada de alguns ariscos sonhadores. Entretanto, no mundo à parte de um **DDA**, essa longa caminhada entre a ideia e sua concretização requer ainda superar terríveis desafios. Estão contidas entre muitas características *sui generis* no comportamento dos portadores do distúrbio do déficit de atenção grandes armadilhas que poderão ser responsáveis diretamente pelo seu êxito ou pelo seu fracasso.

Depois de um longo período dedicado à pesquisa, troca de informações constantes com estudiosos e portadores do distúrbio — além da experiência empírica e sensorial da minha própria vivência com o **DDA** — consegui reunir em uma espécie de manual, as 75 (setenta e cinco) características mais comuns entre os diferentes subtipos do distúrbio:

1. Tendência a aumentar a proporção de um problema. Por menor que ele seja, pode ser capaz de consumir-lhe por horas, dias ou até mesmo meses.

2. Embora não seja dado às mentiras, adora incrementar os relatos, colocando mais emoção nas histórias antes de contá-las.

3. É capaz de, em apenas um único dia, experimentar as mais extremas oscilações de humor. Podendo acordar triste, e no correr do dia, algo inexplicável ou até mesmo banal reacender o seu entusiasmo.

4. Geralmente é intenso.

5. É impulsivo nas atitudes e/ou nas falas.

6. Perfeccionista. Como uma espécie de defesa antevendo as críticas, ou para encobrir alguns traços de baixa autoestima.

7. Sente que gosta mais do que os outros de ouvir elogios, como se precisasse deles.

8. Muda constantemente de assunto durante as conversas. Quase sempre, enquanto estão falando sobre alguma coisa, já está impaciente por dentro, querendo passar imediatamente para outro assunto.

9. Dificuldade para seguir uma única linha de raciocínio. É capaz de pensar em diversas coisas simultaneamente.

10. Ama intensamente a vida.

11. Foi o palhaço, transgressor ou o líder de grupos nas escolas.

12. Ao notar alguém triste, tenta rapidamente encontrar fórmulas para agradá-la.

13. Tendência à distração. Dificuldade em sustentar a atenção durante muito tempo numa mesma tarefa.

14. Antecipa em pensamentos futuros diálogos. Criando perguntas e/ou já articulando respostas.

15. Deixa coisas, ideias e/ou projetos inacabados.

16. É extremista. Pode-se dizer que é oito ou oitenta.

17. Sente ter muitos momentos de inspiração.

18. Detesta arrogância e injustiça.

19. Normalmente, tem bom domínio sobre assuntos que lhe interessem.

20. Tem concentração seletiva (muita ou pouca concentração): se algo não o interessa, por exemplo, perde-se no meio do parágrafo de um texto ou numa cena de novela mergulhado em seus devaneios. Entretanto, quando o oposto acontece, é capaz de envolver-se de tal maneira dentro dos livros ou filmes, como se fizesse parte deles.

21. Sonha constantemente acordado. Muitas vezes, se entretém tanto com os devaneios que se distrai no momento real.

22. É muito esquecido. Normalmente tem dificuldades em registrar nomes, datas, telefones e compromissos.

23. Dificuldade de organização.

24. Teve apelidos ou ainda os tem, tais como: bagunceiro, desorganizado, mal-educado, burro, lerdo, exagerado, esquecido, desligado, "viajandão" ou preguiçoso.

25. Detesta ser incompreendido ou mal interpretado. Embora, isso aconteça frequentemente.

26. Precisa se conter para não digitar tantas exclamações ou reticências quanto gostaria de fazê-lo nos teclados do computador enquanto escreve.

27. 26, 27 ou 28? Sente isso, às vezes, por se perder facilmente em ordenação e/ou sequência numérica.

28. Mania de explicar as coisas com precisão de detalhes, e de modo minucioso. Tornando-se prolixo diversas vezes.

29. Ao ser questionado sobre algo no qual detenha pleno conhecimento fica com dificuldade em iniciar a explicação. Se o questionarem sobre o que é **DDA**, por exemplo, e detiver amplo conhecimento, não sabe como e nem por onde deve iniciar a explicação. Fica tão agoniado para exteriorizar tudo em total plenitude que muitas vezes não consegue expressar com exatidão tudo aquilo que sabe.

30. Sente que precisa ser cobrado, lembrado e apoiado constantemente para fazer algo que deve ser feito.

31. Geralmente gosta de emoção e aventuras: velocidade no carro, atividades inusitadas, esportes radicais etc.

32. Oscila entre fases de hipersexualidade e de hiposexualidade.

33. Detesta seguir ordens, regras e/ou normas. Ou não as segue, involuntariamente. Geralmente não usa o cinto de segurança.

34. É imediatista. Vive intensamente o agora.

35. Está sempre fazendo muitas coisas ao mesmo tempo.

36. Há dias em que se sente impotente, fraco, inútil, incapaz. Entretanto, em outros, se sente capaz de conquistar e/ou realizar qualquer coisa.

37. Tem imensa dificuldade para dizer "não".

38. Sente desordem mental, como uma espécie de confusão interna. Pensa em um turbilhão de coisas e ideias desconexas simultaneamente.

39. Dificuldade para pegar no sono. Muitas vezes, passa um filme na cabeça antes de adormecer. Normalmente tem insônia e leva problemas para a cama. Por isso, comumente, já acorda indisposto e/ou cansado.

40. Cria pensamentos sequenciados, como, por exemplo, ao ver uma caixa de fósforos, imagina o palito aceso, já ligando a boca de um fogão.

41. Muitas vezes tem ideias geniais. Porém, logo as esquece, ou a incerteza o faz desacreditar. Por isso, muitos desejos ficam restritos a simples vontades.

42. Possui extrema dificuldade de manter-se paciente em filas e/ou em situações que demandem longo tempo de espera.

43. Dificuldade (não impossibilidade) em ser fiel nos relacionamentos. Entretanto, muitas vezes quando trai, faz apenas por emoção, aventura, fuga da rotina ou por gostar de ouvir novos elogios.

44. Possui intolerância em diálogos chatos, conversas sobre assuntos que desconhece e lugares pacatos, monótonos e/ou marasmados.

45. Antecipa as respostas dos outros, se eles seguem um ritmo lento e diferente de seu raciocínio.

46. Oscila entre fases quase compulsivas e outras de desinteresse por comida, sexo e/ou compras.

47. Sente que, por diversas vezes, as palavras simplesmente saem sem que possa avaliar antes as suas consequências. Por isso, constantemente faz comentários inapropriados e/ou acaba sendo indelicado por ser sincero demais.

48. Sofre ao agredir verbalmente alguém ou se arrepende em deixar alguma pessoa sem graça com suas tiradas inadequadas.

49. Tem ótimas respostas e boa presença de espírito.

50. Normalmente é descontraído. Mas como seu humor é instável, às vezes, está apenas reservado em seu mundo.

51. Imensa dificuldade em aceitar as pessoas como elas são, o que o faz cobrar muito dos outros.

52. Com ânsia para falar algo, na velocidade da sua agitação mental, acaba criando palavras que não existem, frases incompletas ou comete erros grotescos na pronúncia.

53. Adora ser testado, incitado e/ou desafiado.

54. Deixa coisas importantes para última hora.

55. Apatia após a realização de algum projeto.

56. De maneira involuntária, sua mente sempre busca algo para se ocupar, como problemas, metas, planos, ideias.

57. Normalmente é vibrante, tem ótima energia e bom astral. Muitas pessoas buscam sua companhia, porque passa coisas boas e não hesita agradar a todos.

58. Nota ser uma pessoa marcante. Percebe que muitos se recordam de você, até mesmo depois de anos.

59. Possui algum tipo de vício: café, chocolate, Coca-Cola, cigarro, álcool, cocaína, maconha etc.

60. Dificuldade para continuar algo com a mesma empolgação com que começou.

61. Quando está numa fase mais agitada, entusiasmado com alguma coisa, dormir causa uma estranha sensação de perda de tempo.

62. Independente do resultado, sempre acredita que aquilo que já foi feito, poderia ter ficado ainda melhor.

63. Problema de autoestima, não apenas aos aspectos físicos, mas principalmente, quanto a sua própria capacidade.

64. Geralmente, carrega traumas da vida acadêmica. Talvez por isso, sofra mais, com críticas ligadas ao intelecto.

65. Dificuldade de permanecer quieto. Essa impaciência o faz experimentar quase todas as posições possíveis quando está sentado.

66. Não poupa elogios aos outros.

67. Gosta de compartilhar sua alegria.

68. Sente ter forte intuição.

69. Sempre se sentiu diferente e/ou incomum.

70. Às vezes, tem a crível impressão que sabe exatamente o que as outras pessoas pensam e/ou sentem.

71. Normalmente é prestativo e generoso.

72. Cuida para que todos se sintam à vontade quando estão ao seu lado.

73. Às vezes, desfila tão aéreo pelas ruas que tem a estranha impressão de ser a única pessoa existente no mundo.

74. Quando vai ler algo, normalmente, passa apenas o olho, e tira a conclusão superficial como se tivesse compreendido tudo.

75. Por maior que domine um assunto com ampla propriedade, sempre acredita que outros devem saber mais.

Mas, somente hoje, após o alívio do meu diagnóstico, compreendi melhor a origem motivacional dessas tantas atitudes atípicas que me assolavam. Entendi o porquê daquela luta renitente e invisível para manter até o final o mesmo entusiasmo frenético com que começava alguma coisa e a insegurança que me testava esporadicamente como uma peste, acarretando remotas sensações de que minhas ideias mirabolantes não passam de banalidades.

Entendi, também, que existia, sim, um motivo concreto para a mudança brusca desse meu humor oscilante, e descobri a razão dessa concentração volúvel: capaz de desligar-me com um único zumbido de mosca, ou de me manter extremamente focado por horas, em alguma coisa mais atrativa. Compreendi melhor o porquê daquela tentação quase irresistível de excitar-me simultaneamente por mil outros projetos, e a sedução em deixar tudo ainda por ser feito, vagando em busca de novos propósitos.

Porém, nem mesmo o diagnóstico, trazendo-me, depois de anos duvidosos, a certeza da diferença, me trará o equilíbrio de uma normalidade que nunca tive, assim como o foco momentâneo dos tantos comprimidos de *Ritalina* não acomodará a minha interminável peregrinação por novos caminhos e aventuras.

Hoje, continuo ministrando aulas como *Personal Trainer* em algumas academias, montei também uma empresa informal de fornecimento de pão em condomínios residenciais e restaurantes. Talvez ainda continue escrevendo mais dois ou três livros até me encantar por outras coisas, porque nada mudará o fato de ser eternamente um **DDA**.

Espero, verdadeiramente, que esse livro possa contribuir de maneira somatória, para que muitos estudiosos possam compreender melhor o lado cognitivo e comportamental dos portadores do distúrbio do déficit de atenção. Se críticos literários afirmarem não passar apenas da biografia de um ilustre desconhecido, ou especialistas condenarem minha iniciativa, confortar-me-ei em saber que o livro trouxe alento para muitas pessoas que, assim como eu, também desentendiam o que se passava por dentro de uma mente agitada, confusa e desorganizada.

CAPÍTULO 10

Final DDA (Com Ritalina)

PARECE estranho, como se o mundo inteiro estagnasse por todos esses meses enquanto estive aqui, sozinho, trancafiado no meu próprio quarto. Perdi a noção exata do tempo, isolado parcialmente de tudo e todos. Abdiquei as festas, evitei os telefones, fui relapso no trabalho, deixei de jogar bola aos sábados, parei de sair com amigos e nunca mais fui ao clube com a namorada. Descuidei-me também com a estética: parei de malhar, engordei nove quilos, o cabelo cresceu bastante e a barba ficou sempre por fazer, assim como qualquer outra coisa, exceto este livro.

Enfrentei dores de cabeça constantes, provindas das terríveis rebarbas por mais de 115 comprimidos devidamente contados de *Ritalina*, abstraindo um, naquele dia em que, após tomar um copo d'água, não tive certeza se o havia ingerido.

Parecia impossível também conter aquela minha mania instintiva de querer fugir do assunto a toda hora. Era excitante em alguns trechos pensar em fazer ilações irônicas com CPI, Marcos

Valério e mensalão ou citações revoltosas com o rebaixamento do Bahia para a série C. Mesmo assim, consegui com muita dificuldade, manter a compostura e seguir adiante sem deixar de focar o contexto dos capítulos.

Passei também a ficar obcecado pelas letras, e as rotineiras noites de insônia vinham surpreendentemente repletas de vozes sussurrando novas palavras, fazendo-me acordar agitado por todo instante, tomando nota de tudo. Entretanto, superar a dislexia foi um estorvo. E a simples vontade de me expressar era tanta que, muitas vezes, não conseguia sequer escrever direito. Assim que nascia uma ideia nova, eu corria desesperado para pegar a caneta mais próxima. E com a pressa afobada de transpor para o papel tudo, naquela mesma velocidade que pensava, virava uma espécie de euforia tão grande que trocava ainda mais a sequência das letras, enquanto outras palavras ficavam pela metade.

Era involuntário também não me atinar para a desconfiança de mim mesmo. Afinal, como aquele aluno, dono das notas mais baixas em tolas dissertações de vinte linhas, seria capaz de escrever um livro com tantas páginas?

Mas estava mesmo preso nesse sonho até o final, e quando tudo me tenderia para a desistência, eu ganhava forças do além: nas simples e esporádicas ausências de inspiração, quando não tinha ânimo suficiente para escrever uma única linha, eu pegava carona naquelas amargas lembranças escolares, buscando fórmulas para sobrepor-me a esse ego ferido e exibir aos eternos professores de redação que não fui tão medíocre assim.

Naquelas muitas vezes em que tudo parecia humanamente impossível, a minha tola vaidade enrustida me transformaria em determinação para provar aos incrédulos que contestavam a veracidade do meu distúrbio. E nas inseguranças solitárias daqueles dias mais sedentos, quando pensei covardemente jogar tudo pra cima, a minha persistência incansável não me deixou sucumbir diante daqueles que duvidavam da minha própria capacidade. Tomei o livro como o meu maior desafio pessoal e não esmaeceria jamais frente aqueles tantos olhares céticos, que nos fitam e fitarão sempre ao longo da vida.

Entretanto, devo congratular com méritos aos estudiosos e pesquisadores o acerto sobre a mais citada e repetida característica comum entre muitos **DDAs**: essa imensa dificuldade em concretizar projetos. Porque, embora óbvio e previsível que esse dia chegaria, eu não dimensionava o peso exato dessa dor.

Hoje, mesmo o prazeroso ato pragmático de despertar com o dia ainda escuro, tomar um gole amargo de café preto, um comprimido de *metilfenidato* e escrever com a companhia das pacatas madrugadas, conseguiriam me reanimar. Nem mesmo o ruído cadenciado do teclado em cada letra devidamente digitada, o som gostoso do ventilador de teto sobre a minha cabeça, ou o movimento tímido dos poucos carros na rua, dissipariam esse incômodo vazio.

E me perdoem os poetas mais românticos, os botânicos naturalistas e até mesmo os orquidófilos, mas é insuportavelmente sem graça essa indecisão do início da primavera para alguém que detesta o meio termo. Hoje não sei se aguardo chuvas ocasionais ou saio correndo para comprar uma sunga nova. E nesse amanhecer nublado e opaco de setembro, enquanto muitos aguardam com entusiasmo a beleza das flores, eu gozo de uma tristeza irremediável e fatídica por chegar ao final do meu livro.

Hoje trairei até a companhia desse monitor que aceso à minha frente parece vivo, aguardando tanto por minhas confidências que não mais virão. E me transformarei num mero telespectador, passando a assistir passivamente o dia nascendo pelo canto direito da cortina do meu quarto, sem que eu possa fazer absolutamente nada para impedir os primeiros raios de sol trazendo consigo ruídos agudos de passarinhos, dizendo-me que cheguei mesmo ao limite.

Mas como um **DDA** perfeccionista conseguiria concluir algo, com essa perturbadora sensação de que falta ainda tanta coisa? Como posso terminar sem contar mais alguns de meus tantos trocadilhos?

Embora deteste festas de formaturas, por razões sociais não tive como desprestigiar algumas, mas acreditando piamente que meus colegas, amigos ou primos estavam "colecionando graus" e não os colando. Um dia, no meio de alguma daquelas intermináveis cerimônias ridículas de juramento, escutei em claro e bom tom do próprio orador de uma turma, o termo certo: colação de grau. E ainda que tardiamente tenha aprendido isso, seria inevitável também não me intrigar a partir dali: aonde alguém, após concluir toda sua trajetória acadêmica, colaria aqueles tantos graus?

Certamente, colariam no seu futuro escritório ou na sala de estar para que todos pudessem ver. E mesmo não cometendo mais esse erro grotesco, acredito até hoje ser mais coerente e plausível imaginar que "colecionam-se graus". Assim, poderiam simplesmente guardá-los dentro de uma gaveta, armário ou onde quisessem.

Voltando aos meus trocadilhos, como poderia finalizar meu livro sem admitir que passei anos de minha vida seduzido e fascinado pela libertinagem, sem saber que luxúria significava quase a mesma coisa? Porque estupidamente associava luxúria como algum lugar mais luxuoso do que o próprio luxo.

Como posso concluir deixando de contar sobre a minha estranha mania de detestar água mineral com gás, mas sempre que me oferecem em festas e restaurantes, não hesito em aceitar? Afinal de contas, água com gás é diferente e sem gás, eu tomo em casa todos os dias.

E mergulhado nessa tormentosa aflição por não saber ainda como conseguirei dar fim à minha obra, recordo das palavras, quase proféticas de um amigo, enquanto conversávamos:

– Você parece que só vai sossegar mesmo quando realizar um grande feito.

Muito embora tenha concordado momentaneamente com ele, hoje me questiono sem saber se ainda assim sossegarei algum dia. Porque chegando ao final de um livro, onde muitos celebrariam a alegria de uma realização, eu começo a experimentar uma desolada apatia por não saber ainda qual novo sonho sonharei.

E em meio ao dito popular que ensina: para nos tornarmos seres completos na vida "é preciso escrever um livro, plantar uma árvore e ter um filho", certamente, optei começar pela tarefa mais árdua. Não desmerecendo a grandiosidade ou importância dos outros feitos, mas, para um imediatista, talvez fosse menos sofrível a praticidade de um dinamismo ao invés da espera lenta e difícil de aguardar tanto por algo. Fazer um filho, ainda que sua plena satisfação seja provada tardiamente, o seu feito não dura mais do que o curto tempo de um orgasmo. Plantar uma árvore é incontestavelmente um gesto nobre, mas depende de poucos minutos para cavar um buraco e lançar sementes e todo o seu contentamento também será medido depois, com o desabrochar das primeiras folhas.

Mas descobri, com a cumplicidade detestável da rotina e no solitário ato de escrever, que fazer uma autobiografia é muito mais...

É como gozar dessas sensações diariamente. É dar a luz a um filho, educando-o com palavras ou plantar uma árvore, adubando-a de inspiração. É alegria melancólica revivendo momentos que se foram e tristeza desolada, percebendo que não se tem mais tempo para remediar muitas mágoas. É descoberta de emoções saudosistas recordando de passados impalpáveis. É impotência por não caber mais pedir tantas desculpas, mas esperança que ainda tenha espaço para aprender daqui para frente. É sentir-se tolo diante do tempo e aprender que ele sempre passará mais rápido do que a sua própria pressa, fazendo-te um dia desentender completamente porque queria tanto ficar mais velho quando era criança. É compreender que algumas portas estiveram abertas e você nem se deu conta disso, enquanto outras permaneceram fechadas e seu otimismo o traía, insistindo em querer abri-las. É reconhecer que por mais que se empenhe o bastante, ainda assim chegará longe de ser perfeito, mas nem por isso hesite em continuar dando o melhor de si. É conseguir perdoar-se pelos inúmeros erros cometidos e aceitar que ainda continuará cometendo-os. É trazer à tona o seu retrato maquilando-o, sem nobilitar alguns maus traços. É expor a sua vida sujeitando-se ao purgatório humano, com a perícia de doar as letras sem ceder à própria alma. É ser também um pouco omisso, não por isenção de sinceridade, mas por prudência de não se comprometer além da conta. É poupar pessoas, relevar fatos, mas guardar ainda muitos segredos, dentro dessa pura mágica complexa e sem truques de brincar de ser Deus, ressuscitando a própria vida numa forma reinventada de contá-la.

E, mesmo seguindo por meses, escrevendo ainda intermináveis páginas, conseguirei exorcizar essa incômoda sensação de incompleto. Porque descobri também que a minha autobiografia é apenas um resumo mínimo, um breve relato vago e uma descrição ainda bastante superficial. E nem mesmo rebuscando-o com as mais belas palavras, retiradas do fundo do dicionário da sala, aglomerando-as às mais longas das prolixas explicações, seriam capazes de mensurar com exatidão, um décimo da intensidade absurda desse meu jeito, geneticamente *Carpe Diem* de ser.

E, se foi um fardo chegar até aqui, confesso em prantos internos a minha atônita incapacidade de finalizá-lo: dar um ponto final ao meu livro seria duvidar da própria plenitude divina e questionar a transcendência da própria vida. Seria como se fosse possível o impossível de sanar a angústia latente por abandonar meu filho ou extirpar a dor culposa em não mais regar a minha árvore [...]

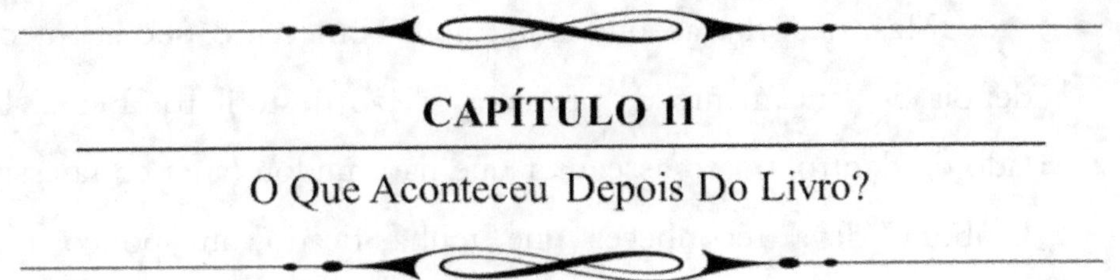

CAPÍTULO 11

O Que Aconteceu Depois Do Livro?

EM resposta ao que, normalmente, sou questionado com maior frequência, tentarei descrever alguns dos episódios mais marcantes, que ocorreram depois do lançamento desta sua 1ª edição. Em verdade — primeiro devo admitir que — gostei muito de ter conseguido reeditá-lo através dessa grande. Tanto por acreditar que, parte do conteúdo aqui expresso, possa contribuir positivamente na vida de outras pessoas; seja por possibilitar-lhes uma sensação de alívio ao descobrirem que não são os únicos "esquisitos", quanto por proporcionar-lhes — através dos relatos das minhas próprias experiências — novos pontos de vista a respeito de como lidar com o transtorno. Conforme propõe o autor e *Coach* em Programação Neurolinguística (PNL), Robert Dilts: "Quando temos diversos pontos de vista sobre uma mesma situação, mesmo sem acrescentarmos novos recursos, a experiência já se modifica [...] Ter mais informações a partir de várias perspectivas cria uma mudança no nosso ponto de vista. E ter vários pontos de vista é a base da sabedoria para se tomar decisões, resolver conflitos, fazer negociações e limpar a história pessoal."

Mas, de volta ao que ainda nem comecei: o que aconteceu depois do lançamento da primeira edição deste livro? Bem... Do lado de dentro, posso assegurar que não mudou tanta coisa assim. Embora, deva reconhecer que tenha ficado um pouco mais contido, noto que ainda permaneço muito longe de atingir o estado do conformismo apático e comedido que vejo entre alguns amoldados normais.

E mesmo conseguindo — em diferentes ocasiões e com maior frequência — disfarçar uma normalidade convencional que nunca tive, não sei determinar com precisão, o quanto dessa mudança ocorreu em virtude do longo período de tratamento, nem o quanto se deu pelo próprio amadurecimento forçoso que as árduas lições do tempo nos ensinam: do esfriamento mediante as decepções que o acaso traz consigo quando muda alguns dos nossos melhores planos; das lamentações dolorosas pela compreensão de que alguns erros são irreparáveis, assim como o entendimento de que muitas escolhas são irregressíveis; das desilusões que começavam a deixar de ludibriar facilmente, aquele que tanto vivia iludido; do otimismo, cada vez mais desconfiado diante das conquistas cristalizadas somente na vontade... Das quedas, dos tropeços, dos recomeços, das decepções etc.

Todavia — do lado de fora dos meus devaneios — até onde notei, do pouco que consigo reparar atentamente nos distratores das minhas fantasias, percebi que algumas coisas haviam mudado bastante. Principalmente, em relação às novas possibilidades que se apresentavam para mim. Afinal, após tantos anos interpretando os mais diferentes personagens, na tentativa de conquistar a aceitação dos colegas: do simpático palhaço performático das salas de aulas, ao destemido desafiador de professores que discordava de tudo, até mesmo daquilo tudo que desconhecia, passando pelo encrenqueiro transgressor posado de rebelde. Mesmo prevendo que todas essas encenações me custariam o inesquecível castigo da "cadeira do bobo": era colocada na parte mais avançada da sala uma carteira escolar, onde eu ficava sentado isolado, com o rosto voltado para parede, e de costas para os colegas pelo tempo que o sadismo do professor (a) se desse por saciado.

Depois das rememoráveis aulas de reforço em matemática com um primo de segundo grau que havia se mudado para capital, onde para cada erro cometido, ele me fazia escrever repetitivamente: "Eu sou Burro" em todas as linhas que inteirassem, pelo menos, um dos lados de uma folha de caderno. Evidentemente, hoje eu não posso avaliar os danos que essas "aulas" me causaram. Nem mesmo afirmar se ficaram traumas e/ou sequelas daquelas inesquecíveis "tardes de estudo", já que os traumas costumam se manifestar de muitas maneiras. Mas, indubitavelmente, através dessa metodologia de ensino, potencializava-se muito mais a minha insegurança, do que reforçava a minha compreensão em matemática. Conforme Benveniste (2000) explica, na visão da psicologia, o trauma ocorre quando a maneira encontrada para lidar com o evento traumático não foi a mais adequada, pois a carga emocional foi mais intensa do que o indivíduo poderia suportar. Dessa forma, o comprometimento causado por um trauma vai depender da intensidade do evento traumático, e da capacidade da pessoa, de elaborar psiquicamente a situação ocorrida.

> Quando crianças, somos inocentes, carentes, submissos, indefesos, despreparados para a vida, e precisamos de alguém que supra as nossas carências para um desenvolvimento satisfatório. Quando esse alguém não existe e a criança ainda é violentada em sua existência, os traumas surgem e, na sua grande maioria, são levados para a vida adulta. Essas sequelas fazem com que o adulto — acredite estar sempre desamparado — abandonado e solitário, tornando-se uma pessoa insegura, tímida e com medo de se aventurar na vida. Algumas vítimas de traumas se recuperam de maneira surpreendente, apesar da experiência sofrível pela qual passaram. As respostas emocionais variam de acordo com o amadurecimento psíquico, que ocorre de maneira precoce nas crianças que sofrem abusos. Esse amadurecimento precoce já seria uma resposta inteligente que o organismo dá para proteger o psiquismo de um sofrimento mais intenso. Assim como o limiar de dor física pode variar, o limiar de dor psíquica também varia e é importante para definir se o trauma se tornará uma patologia na vida adulta ou não. Mas existem vários fatores que também podem influenciar o fortalecimento de um "EU" mais seguro e saudável, um deles é o carinho e a atenção da família e dos amigos na fase posterior ao evento traumático. O contato com aqueles que guardam sentimentos de amor é fundamental para a recuperação do trauma. (WAINRIB, 2000).

Enfim! Após uma vida inteira, fitado como o cara irresponsável, o mentalmente complicado, o encrenqueiro contestador, o brincalhão que não leva nada a sério, o inquieto bagunceiro, o descompromissado, o dramático, o sonhador que vive no mundo da lua, o que vai desistir no meio de alguma coisa importante, etc. Era evidente e inevitável que, aquela possibilidade de me transformar do relapso aluno problemático para um promitente escritor — começava a seduzir rapidamente e com deslumbres — grande parte da minha vaidade aviltada por tudo àquilo que não fui além de promessas. De sonhos corrompidos pelo acaso, dos desejos adormecidos sem mais nenhuma previsão para despertar, dos tantos projetos mirabolantes inacabados, das coloridas fantasias subtraídas pelas realidades opacas, das expectativas frustradas que meus pais projetaram sobre mim, sem notarem eles, que eu projetava muito mais.

Azafamado, e tomado por uma urgência ilusória de que conseguiria conquistar, parte de tudo aquilo que eu nem havia possuído, mas que já havia perdido, depois do lançamento da 1ª edição deste livro em Setembro de 2006, já em Julho de 2007 eu concluía o meu primeiro romance, **VERTYGO — O Suicídio de Lukas**. Bastante empolgado, e cada vez mais embevecido por toda magia que circunda a literatura, em Agosto de 2008 eu terminava o meu terceiro livro, **O Segredo de Clarice Lispector.**

E como para minha composição literária, eu recorria sempre aos aspectos psicológicos; tanto na disposição da trama, quanto na característica de alguns personagens, no primeiro semestre de 2009, resolvi então dar um tempo na literatura para flertar com a minha segunda grande paixão, e ingressei no curso de psicologia.

Confesso que nunca foi algo proposital — ou se foi de propósito não foi por intensão — mas, nunca soube exatamente se era eu que seguia o fluxo errado das horas, se o relógio girava ao contrário do meu sentido, ou se de fato, seria eu que não tinha o menor sentido. Contudo, a verdade é que eu e o relógio jamais estaríamos em concordância. Parecia que — de alguma maneira contraditória ao tempo — eu sempre estaria fora da época apropriada, para realizar qualquer coisa, que fosse a coisa certa. Era como se agir corretamente para mim tivesse um prazo específico, e que esse prazo sempre terminaria, impreterivelmente, no exato instante em que eu decidisse finalmente, realizar tudo aquilo que havia procrastinado por tanto tempo.

Ser inteligente passou a revelar-se uma espécie de característica obsoleta, e cada vez menos usual. Ou pelo menos, havia se tornado algo bem menos requisitado como aparentava ser quando me cobravam tanto que eu fosse, enquanto eu era apenas um inepto sem maiores pretensões. Assim como possuir cultura, também já não era mais usufruir de algum atributo tão sofisticado como na época em que eu mal conseguia ler uma notícia inteira no jornal. E, ainda se conseguisse, certamente, não compreenderia boa parte do que havia lido. Aliás, cada vez mais me convenço que deva existir alguma espécie de talento avessado, ou precise mesmo de muita perseverança para alguém conseguir se tornar mais um perfeito idiota nos dias de hoje. Pois, nenhuma outra característica é tão competitiva e explorada como essa atualmente.

E assim, mais uma vez fora da hora certa do mundo, lá estava eu: professor de Educação Física, escritor, graduando em psicologia, Doutor Honoris Causa, Tutor de Programação Neurolinguística (PNL), além de autor de diversos artigos científicos para o Portal dos Psicólogos (o maior site de Psicologia em Portugal). Porém, em meus desajustes com o calendário, nada disso que eu havia me tornado, estava em confluência com o que ainda havia permanecido em mim: em virtude dos longos anos dedicados a musculação, eu ainda permanecia muito forte, e os meus bíceps chamavam muito mais atenção do que os esboços das primeiras capas dos meus livros que eu carregava embaixo do braço, ao passo em que meus músculos não passavam a menor credibilidade daquilo que eu passava a ser. Era como se na época do corpo musculoso, eu fosse apenas um cara totalmente alienado, e enquanto os músculos permanecessem em mim — de alguma forma atemporal — eu ainda seria aquele mesmo cara alienado, independente do que fizesse de mais prodigioso.

Entre as inúmeras coisas que o **TDAH** limita ou impedi, o transtorno não subtrai a consciência sobre a nossa própria condição. Portanto, eu sabia que havia me transformado em um novo homem, e mesmo sem precisar que ninguém acreditasse na minha mudança para atestar ou invalidar o fato de que, eu havia realmente mudado, parecia que pelo menos, para conseguir alguma chance de publicar os meus livros, eu agora precisaria tapar a estupidez que nem mesmo possuía mais para esconder. Dessa maneira, passei a tentar disfarçar tudo aquilo que enxergavam do que eu não era mais: engordei alguns quilos, mudei os estilos das roupas, um gel mantinha sempre meu cabelo meio engomado, e mesmo sem necessidade alguma, passei também a usar óculos com intento de desfazer o estilo alienado.

Todavia, embora possa até ter demorado mais do que o habitual — talvez em comparação com outras tantas pessoas já tão habituadas com as coisas habituais — eu também aprendi as lições que a vida ensina. O problema quanto ao meu processo de aprendizado, vai além do **TDAH** e/ou da Dislexia. O problema é que a minha aprendizagem está condicionada as minhas sensações, percepções e experiências. Se de um livro nem sempre tenho a capacidade de compreender aquilo que leio, na vida esse procedimento é bem diferente. Eu só me considero conhecedor daquilo que sinto. Entretanto, para sentir essas lições, eu preciso da coragem para vivenciar a tristeza e a alegria com a mesma intensidade, o que nem sempre é fácil, mas costuma deixar cravadas, como cicatrizes na memória, tudo aquilo que foi aprendido.

Portanto, algumas dessas cesuras que hoje carrego como aprendizados decorrentes desse meu processo de transição, é que nas escolas, faculdades, e todos os outros ambientes acadêmicos, podemos aprender as mais diversificadas lições. Entretanto, seremos sempre nós quem decidiremos aquelas que iremos transformar da teoria para a prática, levando-as de fora das salas para dentro de nossas vidas. Pois, os ensinamentos mais valiosos, não vieram inseridos nos versículos bíblicos, não serão explicados por grandes sábios, nem estão definidos em dicionários ou enciclopédias. É preciso existir para aprender. Porque, o aprendizado nem sempre está atrelado a uma compreensão racional processada pelo cérebro, alguns ensinamentos estão condicionados somente aquilo que sentimos através do coração.

Através dessas experiências vivenciadas pelos meus próprios sentimentos, compreendi também que, sendo estúpido, engraçado, ou excessivamente simpático, as pessoas te aceitam com menos incômodo, e certa condescendência. Quando a insegurança inibida pela rejeição, ou o retraimento acanhado pela autoestima menosprezada coíbem a nossa fala, a presunção daqueles que não possuem nada de especial para mostrar logo se releva na entonação das conversas insolentes. Quando admitimos nossas incapacidades, ou por alguma razão, deixamos nossas fraquezas descobertas, as pessoas se aproximam mais rapidamente, com certa empáfia contida, e uma sensação de superioridade estampada nos olhos, mas procurando sempre encobrir, o limite raso da sua inteligência, promovendo apenas assuntos entre os confins do seu conhecimento. Parece contraditório, mas a vaidade humana mostra-se ilimitada somente para elogiar os mortos, enquanto permanece aprisionada a fátua vileza para enaltecer aqueles que ainda estão vivos.

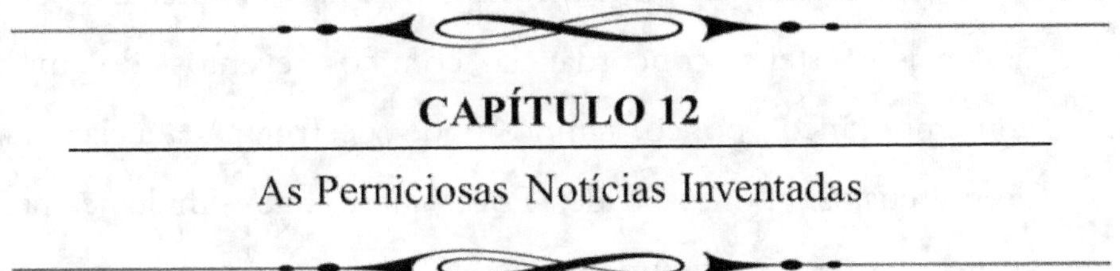

CAPÍTULO 12

As Perniciosas Notícias Inventadas

DE repente, diversas celebridades do mundo inteiro diagnosticadas com o Transtorno do Déficit de Atenção/Hiperatividade (TDA/H) começaram a tornar público detalhes sobre suas vidas e experiências com o Transtorno. Entre os famosos, Steve Jobs, Bill Gates, Steven Spielberg, Tom Cruise, Jim Carrey, Will Smith, Danny Glover, Sylvester Stallone, Michael Jordan, Michael Phelps, Simone Biles, etc.

Consequentemente, o TDAH começava a simbolizar uma condição bem menos depreciativa que aquelas primitivas ideias atreladas a limitações, e/ou incapacidades. Ao passo em que possuir o Transtorno, adquiria até mesmo um certo "status" de inteligência, de prodigiosidade. Como sendo uma condição mais frequente entre pessoas diferenciadas, talentosas, criativas, atletas extraordinários, etc.

Contudo, se o então relógio que jamais havia aferido o meu tempo em conformidade com a cronologia ordinária dos outros homens estava finalmente sincronizado; se justamente naquele momento, talvez pela primeira vez na minha vida inteira, eu estava na mais perfeita concordância com os eventos do mundo contemporâneo, pouco tempo pude desfrutar daquela minha despretensiosa pontualidade. Pois, quase que simultaneamente, começavam a surgir inúmeras matérias tentando me desenquadrar, me deixar de fora da única situação na qual eu não havia me atrasado. Como se quisessem me colocar novamente no posto de retardatário, diversos factoides passavam a divulgar que aquele transtorno que eu possuía, já diagnosticado há onze anos, porém agora em plena moda, na mais propícia ocasião, simplesmente não existiria.

Todavia, dentre as mais variadas notícias fabuladas, algumas merecem – até mesmo em reciprocidade desmerecimento – certo destaque. Durante o primeiro semestre de 2013, por exemplo, uma manchete replicada por diversos veículos de comunicação, questionava e respondia ao mesmo tempo: "Por que as crianças francesas não possuíam déficit de atenção?" Em seu conteúdo descritivo, as reportagens alegavam – com a propriedade de quem poderia no máximo pressupor que – a filosofia educacional, juntamente com uma abordagem psicossocial holística dos especialistas em saúde mental francesa – faziam o Transtorno do Déficit de Atenção/Hiperatividade (TDA/H) simplesmente desaparecer, ou seriam capazes de reduzir a sua incidência em números ínfimos.

Mas, como ignorar a própria ignorância é a principal característica do ignorante, movidos por uma urgência irracional de desnudar ligeiro toda sua estupidez, esses jornalistas, colunistas, blogueiros e outros tantos analfabetos *auto instruídos* pela presunção do que pensam saber – sem nem saber o que pensam – não se davam sequer ao trabalho de investigar a procedência dessas fontes, ou averiguar – ainda que fosse através de uma busca rápida pelo Google – a veracidade das asneiras antes de reproduzirem. Mas, conforme, já proferia Aristóteles:

"O ignorante afirma, o sábio duvida, e o sensato reflete". E apesar de não simpatizar muito com a sensatez, algumas vezes – até mesmo por birra – sou suficientemente teimoso, ao ponto de agir em total discordância com aquilo que eu mesmo antipatizo, apenas para, eventualmente, ser capaz de refletir ponderadamente: *Afinal, por que existiria uma Associação Francesa de Déficit de Atenção se o transtorno nem mesmo era frequente por lá? Ou por que teria uma página no Facebook (HyperSupers – TDA/H France) com mais de 12.019 membros, fundada desde 5 de fevereiro de 2002 com a Missão de Ajudar pessoas afetadas pelo Transtorno de Déficit de Atenção / Hiperatividade (TDA/H)? Será que os especialistas da Associação Francesa de Déficit de Atenção na ausência de pessoas com TDA/H, estariam atendendo, produzindo artigos científicos, prestando serviços informativos, e orientando insetos hiperativos?*

Outras reportagens – não menos irresponsáveis e igualmente fantasiosas – afirmavam que diversos jovens estariam usando a

Ritalina (Cloridrato de Metilfenidato) com o objetivo de ficar mais aceso, e bem disposto em festas, *Raves* e carnavais. Em uma dessas matérias, inclusive, mencionavam o caso de um enfermeiro que dizia se sentir gostoso, bonito, e com uma sensação de poder – além de experimentar um arrepio como se precedesse um orgasmo – toda vez que tomava o medicamento. Outro sujeito, afirmava fazer uso do remédio antes de sair para baladas, assegurando que sob o efeito da Ritalina ele já chegava às festas beijando todo mundo.

Confesso – com o sarcasmo contraditório da seriedade de quem confessaria alguma coisa realmente importante – que diante de todos esses casos, eu fiquei ironicamente preocupado: ou estariam me vendendo o medicamento falsificado, ou aquele comprimido que eu tomava diariamente, por tantos anos, seria qualquer outro remédio, exceto aquela tal Ritalina com tantos poderes mágicos. Primeiro, porque pela própria farmacodinâmica, sua substância causa muito mais um efeito apático que excitatório. Ao menos, é como funciona em meu organismo o princípio ativo da Ritalina que eu faço uso. Segundo que, indolente, com diminuição do desejo sexual, xerostomia (secura da boca), piora da sociabilidade, maior tendência à irritabilidade, além do efeito conhecido como "visão de túnel" (quando a pessoa se detém tão intensamente em algo, que ignora todas as outras coisas e pessoas ao seu redor), não aparentam ser sensações das mais agradáveis, nem tão libidinosas assim para alguém querer sair por aí badalando com tamanho entusiasmado.

Como se o bastante não fosse muito, ou como se o muito ainda não fosse o suficiente, vez por outra era reproduzida, em inúmeras páginas da web que não tinham nada de mais útil para divulgar, aquela mesma notícia velha, desatualizada e já desmentida há anos: a imagem de um senhor burlesco, ilustrando o título: *"Dr. Leon Eisenberg, o pai do TDA/H, disse pouco antes de sua morte que o TDA/H é uma doença fictícia"*.

Deixando de lado, toda incoerência inserida nos dizeres que encimam essa notícia. Afinal, um pai declarar que seu próprio filho seria uma ficção inventada por ele mesmo, era no mínimo algo bastante descabido para já creditarem, antecipadamente, tanta veracidade a respeito do teor da notícia. No entanto, sempre que o tempo sobrava ao revés de faltar, eu acabava não me contendo em replicar alguns desses sites. Em um desses – através do espaço destinado para criticas, sugestões e comentários – resolvi redarguir a sua colunista, uma consultora farmacêutica e bioquímica.

Inicialmente, afirmei que na tradução do texto original em alemão, ela (ou algum outro tradutor igualmente incompetente) havia modificado toda veracidade dos fatos: naquilo que foi realmente dito, no local onde foi dito, quando foi dito, e por quem foi dito. Por exemplo, o próprio título não condiz com a verdade, nem com as informações relatadas por ela mesma no discorrer do seu próprio texto: *"Confissão de leito de morte do inventor do TDA/H: o TDA/H é uma doença fictícia [...] Aos 87 anos de idade e sete meses antes de sua morte, o pai científico do TDA/H declarou, em sua última entrevista: o TDA/H é um excelente exemplo de doença fictícia"*.

Primeiro, porque a alegação de que o Dr. Leon Eisenberg teria declarado isso colocaria a data de seu enunciado por volta de fevereiro de 2009. Entretanto, quanto a documentação para a cotação putativa é fornecido em idioma Inglês, a afirmativa de que o TDA/H seria uma doença fabricada, faz referência a uma entrevista realizada no dia 2 de Agosto de 2012 com o Professor de Psicologia da Universidade de Harvard, Dr. Jerome Kagan. E com o título, *Spiegel Entrevista com Jerome Kagan: What about Tutoring Instead of Pills?* (E sobre Explicações em vez de pílulas?), bastava apenas uma única resposta **(1.2)** do entrevistado para, enfim e finalmente, desmentir aquela noticia tão plagiada, defasada, recorrente e que enche o saco de todo e qualquer portador de TDA/H.

Spiegel: Especialistas falam que 5,4 milhões de crianças americanas apresentam os sintomas típicos do TDA/H. Você está dizendo que este transtorno mental é apenas uma invenção?

Kagan: Isso é correto; é uma invenção. Toda criança que não está indo bem na escola é enviado para ver um pediatra, e o pediatra diz: "É TDA/H, aqui tem Ritalina." De fato, 90% destes 5,4 milhões de crianças não têm um metabolismo anormal da dopamina. O problema é que, se o medicamento está disponível aos médicos, eles vão fazer o diagnóstico correspondente.

Ao passo em que outra matéria – não veiculada através do site, mas transmitida pelo jornal *Der Spiegel* – deixava evidente que o Dr. Eisenberg em nenhum momento afirmou que o TDA/H era um transtorno irreal. Em verdade, ele teria dito apenas que: *"A predisposição genética do TDA/H é completamente é completamente superestimada"*.

Em seguida, tão sério quanto a minha buliçosa impulsividade conseguiu refrear todo o ímpeto da minha ironia verbal, apresentei para ela o link de um site, onde pessoas, muito mais fundamentadas do que ela, apresentavam argumentos (pouco consistente, mas que já validavam mais do que todas essas notícias sem fundamentações alguma) com intento de comprovar a inexistências das girafas. Afirmam que esses animais quando aparecem em filmes são meras montagens, enquanto as dos jardins zoológicos, na melhor das hipóteses, seriam espécies de robôs. E consideram idiotas, todos aqueles que acreditam na existência do animal. Por fim, expliquei que talvez, o absurdo que se revelasse para ela diante dessas pessoas que não acreditavam em girafas, fosse tão incoerente para mim quanto aquelas que não acreditam na veracidade do TDA/H.

No entanto, devo admitir que, imensamente mais ruinoso que todas essas deletérias notícias, ocorre quando o descredito surge, justamente, daquelas pessoas mais próximas da sua realidade. Conforme já havia relatado anteriormente, no livro *Tendência à Distração*, Edward Hallowell e John Ratey (1999) isso é mencionado, inclusive, entre o primeiro dos problemas mais comuns no tratamento do DDA:

> Certas pessoas, especialmente importantes na vida – pai, mãe, cônjuge, professor, patrão, amigo – não aceitam o diagnóstico de DDA. Eles não "acreditam" em DDA e não querem discutir sobre isso. É como se fosse contra sua religião ou visão de mundo. Eles fazem a pessoa com DDA se sentir uma fraude ou um impostor. Esse tipo de resposta descrente pode minar tanto a esperança que acompanha o diagnóstico, como o tratamento. Ouvem-se com frequência, variantes do tipo: "esse tal de DDA não existe. É apenas uma desculpa para a preguiça". [...] O importante é a informação. Apresente à pessoa os fatos. Atenha-se aos fatos, deles se valendo para enfrentar a superstição, os boatos, o disse-me-disse, os preconceitos e a desinformação. Procure evitar debates inflamados. É comum usarem-se as objeções ao diagnóstico para esconder questões emocionais. Pode haver raiva da pessoa diagnosticada. Pode haver ressentimentos em relação à pessoa por todos os seus erros e não se desejar que ela escape facilmente com um diagnóstico. Querem punição e por isso ficam cada vez mais com

raiva ante a noção de DDA, tentando fazê-la cair em descrédito. Nesses momentos é melhor ficar com a ciência, por isso permaneça com os fatos que temos a respeito do DDA. Em algum momento os sentimentos de raiva deverão ser tratados pelo que são: raiva em geral decorre de um comportamento passado irritante por parte da pessoa com DDA. Esses sentimentos são perfeitamente compreensíveis e válidos. Não deveriam, no entanto, ser usados para se invalidar um diagnóstico correto do DDA.

Confesso ainda – contra toda a minha vontade de omitir que – o desabono sobre a minha condição, nunca se limitou somente ao TDA/H. Jamais tive, sequer, uma percepção cumpliciada de todo o sofrimento que uma vida inteira com a Dislexia havia me custado. Dos baixos rendimentos escolares, passando pela incompreensão de quase tudo aquilo que eu lia e/ou escrevia. Desencadeando graves problemas caracterizados no reconhecimento preciso ou fluente de palavras, problemas de decodificação, e dificuldades de ortografia. Conforme Willcut (2001) afirma, a presença de TDA/H aumenta significativamente o comprometimento do processamento de leitura em pacientes disléxicos: a leitura requer considerável nível de atenção para selecionar as informações relevantes e ignorar estímulos menos importantes. Pessoas com TDA/H e comorbidade com Dislexia apresentam mais problemas comportamentais, menor autoestima, maior incidência de abandono escolar, e um pior prognóstico quando comparadas ao grupo com TDA/H ou Dislexia isoladamente.

A Dislexia é o Transtorno de Aprendizado (TA) mais comum, ocorrendo em cerca de 8% das crianças em idade escolar. Estimativas mais conservadoras apontam para a prevalência de TA em aproximadamente 25% das crianças com TDA/H. Tanto o TDA/H quanto Dislexia estão associados a múltiplos déficits neuropsicológicos, em particular com comprometimentos das funções executivas (Willcut, 2001).

Não sei se pela ausência de autopiedade para bancar o vitimista queixoso, ou porque para mim sempre foi dado o papel de compreender o transtorno de todos em minha volta, a verdade é que – sem nunca perceber o profundo constrangimento que aquele tipo de descaso sobre a minha condição me causava – no dia 25 de Novembro de 2013, recebi o e-mail de uma "pessoa tão próxima da minha realidade", com o link de uma entrevista, tão abstrata e absurda como algumas já citadas anteriormente:

Uso indiscriminado de Ritalina pode causar 'genocídio do futuro', diz pediatra.

Indicada para tratar portadores de déficit de atenção e hiperatividade (TDA/H), a Ritalina vem sendo indicada de maneira descontrolada no país. Atualmente, o Brasil ocupa a segunda posição mundial de consumo da droga, atrás apenas dos Estados Unidos. No caso das crianças, que tem o organismo ainda em fase de crescimento, o risco é ainda maior. "Fala-se muito que, se a criança não for tratada, vai se tornar uma dependente química ou delinquente. Nenhum dado permite dizer isso. Então não tem comprovação de que funciona. Ao contrário: não funciona. E o que está acontecendo é que o diagnóstico de TDA/H está sendo feito em uma porcentagem muito grande de crianças, de forma indiscriminada", diz a pediatra Maria Aparecida Affonso Moysés, docente do Departamento de Pediatria da Faculdade de Ciências Médicas (FCM) da Unicamp. A especialista diz que se não haver um controle mais rigoroso sobre a droga, as gerações futuras poderão sofrer consideravelmente. "A gente corre o risco de fazer um genocídio do futuro", disse. A Ritalina é um Metilfenidato, da família das anfetaminas, e tem como objetivo, melhorar a concentração, diminuir o cansaço e acumular mais informação em menos tempo. Ocorre que a droga pode trazer dependência química, pois tem o mesmo mecanismo de ação da cocaína, e é classificada pela *Drug Enforcement Administration* como um narcótico. As reações adversas ao consumo da droga se dão em todo o organismo e, no sistema nervoso central, são mais incisivas. "Isso é mencionado em qualquer livro de Farmacologia. A lista de sintomas é enorme. Se a criança já desenvolveu dependência química, ela pode enfrentar a crise de abstinência. Também pode apresentar surtos de insônia, sonolência, piora na atenção e na cognição, surtos psicóticos, alucinações e correm o risco de cometer até o suicídio. São dados registrados no *Food and Drug Administration* (FDA).

Desconsiderando o prognóstico nefasto utilizado como título da entrevista, inicialmente, o ligeiro descuido da pediatra em mencionar apenas o nome de comercialização de um dos medicamentos (a Ritalina), ao invés de citá-los em referência ao seu princípio ativo (Cloridrato de Metilfenidato) que – além de abranger os nomes comerciais dos outros tipos de Metilfenidatos disponíveis no Brasil – proporcionaria uma maior compreensão dos leitores quanto a sua diferenciação nas dosagens, dos laboratórios fabricantes, e principalmente, em relação ao seu tempo de ação:

1. Ritalina® 10 mg. (Laboratório Novartis). Metilfenidato de ação curta: efeito de 3 a 5 horas;
2. Ritalina ® LA 20, 30, ou 40 mg. (Laboratório Novartis). Metilfenidato de ação prolongada: efeito de aproximadamente 8 horas;
3. Concerta ® 18, 36 ou 54 mg. (Laboratório Janssen-Cilag). Metilfenidato de ação prolongada. Efeito de 10 a 12 horas;

Ao declarar que o medicamento é "indicado para tratar portadores de déficit de atenção e hiperatividade (TDA/H)" – embora possa, mas não deva considerar como algum grave equívoco – a mera omissão do termo "transtorno" ou "distúrbio" antecedendo a expressão "déficit", já na utilização da vogal "e" ao entreato das palavras "atenção" e "hiperatividade", ela aparenta desconhecer a existência dos casos onde o transtorno ocorre sem a presença da hiperatividade. Em virtude disso, inclusive, desde 1994 a Associação Americana de Psiquiatria (*American Psychiatric Association* – APA) adotou o termo Transtorno do Déficit de Atenção/Hiperatividade, com o uso da barra precedendo "Hiperatividade" como demonstração de que o transtorno pode surgir com ou sem a hiperatividade, apesar da hiperatividade ser o sintoma que mais define este quadro. Ainda nesse mesmo trecho, ela demonstra também não saber que além do TDA/H, o

Metilfenidato é utilizado no tratamento dos casos de Narcolepsia, e da Hipersonia Idiopática.

Seguidamente, quando afirma que "a Ritalina vem sendo indicada de maneira descontrolada no país. Atualmente, o Brasil ocupa a segunda posição mundial de consumo da droga, atrás apenas dos Estados Unidos". Mesmo sem mencionar dados, prognósticos, percentuais, estatísticas, estimativas, etc. ou qualquer espécie de recurso adiante de suas falácias, como minimamente se espera de alguém com especialidade sobre aquilo que fala, ainda assim, ela consegue a incrível façanha de cometer graves erros numéricos pela própria desídia daquilo que não sabe. Embora entre Set./2011 e Out./ 2012, o consumo de Metilfenidato no Brasil tenha apresentado um aumento significativo de 1.853.930 na quantidade de caixas vendidas, existem dois fatores antagônicos, mas igualmente lógicos que a pediatra, certamente não sabe. Ou se tem conhecimento – diferentemente da normalidade daqueles que sabem sobre o que estão falando – ela preferiu demonstrar sua insipiência:

Apesar do grande aumento na vendagem de Metilfenidato, se considerarmos os dados referentes a prevalência do TDA/H no Brasil em torno de 17 milhões de pessoas, mesmo com todas essas 1.853.930 de caixas, cerca de 30 mil pacientes apenas estariam em tratamento com o Metilfenidato no país.

Todavia, é impossível saber se existe realmente um excesso no consumo de Metilfenidato no país, sem saber antes a quantidade do medicamento que está sendo utilizado para o tratamento dos casos de Narcolepsia e Hipersonia Idiopática, o percentual das pessoas diagnosticadas com o TDA/H que estão sendo tratadas com o Metilfenidato, adivinhar (já que não se pode saber) quantas caixas são adquiridas de maneira ilegal, conseguir ter acesso a quantidade de Metilfenidato fornecida ao SUS (que não são contabilizados nas pesquisas) para somente assim, fazer a correlação entre todos esses dados com a prevalência do TDA/H no país.

Isso tudo desconsiderando que a entrevistada ignora completamente o agravante fator de – diferentemente dos outros países – existir somente o Metilfenidato como substância medicamentosa de primeira escolha disponível para o tratamento do TDA/H no Brasil. O que, inevitavelmente, potencializa muito o seu consumo.

Ao mencionar vagamente, como, aliás, faz durante o texto inteiro: "Fala-se muito que, se a criança não for tratada, vai se tornar uma dependente química ou delinquente. Nenhum dado permite dizer isso. Então não tem comprovação de que funciona. Ao contrário: não funciona". Afora o uso de expressões hipotéticas, quando ela assevera que o medicamento não funciona, além de contradizer os inúmeros artigos científicos disponíveis, normalmente, no meio acadêmico quando afirmamos ou discordamos de algo, devemos apresentar algum tipo de recurso técnico e/ou científico (pesquisas, artigos, etc.) para fundamentar aquilo que defendemos. Ela, ao contrário dos verdadeiros especialistas, para sustentar os seus argumentos, não recorre nem mesmo a *Wikipédia* como alegação de sua fonte de coleta de dados.

Ao dizer que "A Ritalina é um Metilfenidato, da família das anfetaminas, e tem como objetivo, melhorar a concentração, diminuir o cansaço e acumular mais informação em menos tempo. Ocorre que a droga pode trazer dependência química, pois tem o mesmo mecanismo de ação da cocaína, e é classificada pela *Drug Enforcement Administration* como um narcótico", a entrevistada expressa justamente o oposto do que afirmam inúmeros estudos: a eficácia do Metilfenidato tem sua ação comprovada na redução dos sintomas de déficit de atenção, no melhor desempenho das atividades motoras, na diminuição da hiperatividade, no controle dos impulsos, e – ao extremo revés do que ela diz ao léu – o uso do Metilfenidato, dos tipos de liberação prolongada, proporcionam até mesmo uma inibição do abuso de drogas. Já sobre "diminuir o cansaço e acumular mais informação em menos tempo", ou ela padece de algum tipo de alienação mental, ou lhe falta uma capacidade razoável para conseguir compreender alguma realidade fora das suas opiniões pessoais.

Por inépcia, ignorância ou incompetência, a pediatra cita entidades com atribuições que não são de suas competências. Nos Estados Unidos, o *Drug Enforcement Administration* (DEA) não é a instituição responsável pela classificação das drogas. A missão do DEA é fazer cumprir as leis referentes as substâncias controladas, e fiscalizar organizações e/ou pessoas envolvidas na fabricação e/ou distribuição dessas substâncias. Em verdade, compete a FDA (*Food and Drug Administration*), órgão de vigilância sanitária dos EUA, a responsabilidade da classificação de drogas e/ou medicamentos.

No que se refere à analogia que ela tenta criar entre a Cocaína, a Anfetamina, e o Metilfenidato, é importante destacar que somente duas anfetaminas são comercializadas legalmente no Brasil: a Dextroanfetamina, e a Metanfetamina. E apesar das três substâncias apresentarem Fórmulas Químicas similares:

- ✓ Metilfenidato ($C_{14}H_{19}NO_2$);
- ✓ Anfetamina ($C_9H_{13}N$);
- ✓ Cocaína ($C_{17}H_{21}NO_4$),

Elas são totalmente divergentes em relação à farmacocinética (via de administração, absorção, biotransformação, biodisponibilidade e excreção). Também são distintas quanto as principais substâncias químicas (neurotransmissores) que se interagem, como se interagem. E, sobretudo, atuam em diferentes regiões do cérebro. Enquanto o Metilfenidato age nas camadas mais externas do cérebro, conhecida como região cortical (local relacionado a funções da memória, atenção, consciência, linguagem, percepção e pensamento), a Cocaína e a Anfetamina atuam no *Núcleo Accumbens*, porção do "sistema de recompensa" (uma das principais áreas responsáveis pela predisposição na dependência química e física). A Cocaína e a Anfetamina são Inibidores da Monomania Oxidase (IMAO) promovem o aumento da disponibilidade da noradrenalina e da serotonina na fenda sináptica (espaço entre dois neurônios). O Metilfenidato, por sua vez, é um Inibidor da Recaptação de Dopamina (IRD), no entanto, além de não ativar o "sistema de recompensa" atua mais na modulação dos níveis de Dopamina que da Noradrenalina.

De modo grosseiro – propagado somente pelo senso comum – de onde presumo derivar o inexistente conhecimento da pediatra, pode-se dizer que o Metilfenidato funciona pelo que, usualmente, é chamado de "efeito paradoxal", ou seja, é um psicoestimulante, mas que apresenta um efeito contrário.

Mesmo reproduzidas por jornalistas e/ ou profissionais não especializados, sem citar qualquer fundamentação teórica, mencionar referências, recorrer a artigos, ou apresentar qualquer pesquisa que validem suas afirmativas mentirosas, esses tipos de matérias caluniosas – de alguma forma irresponsável e alienante –

transmitem aos leitores uma falsa ideia de que possam existir dúvidas quanto à existência do TDA/H. Afirmar que o TDA/H não existe, assim como proferir que os medicamentos utilizados para o seu tratamento são "perigosos" além da explícita demonstração de ignorância, pode ser configurado como crime, porque veicula informações erradas sobre tema de saúde pública. Reproduzir notícias equivocadas, enquanto omite centenas de dados científicos que documentam os benefícios, a eficácia e a segurança dos medicamentos usados no tratamento do TDA/H, não apenas dificulta e retarda o acesso da população ao diagnóstico e ao tratamento, como revela má-fé, descomprometimento aos princípios básicos do jornalismo, e expressa uma das mais perversas formas de discriminação contra as pessoas que sofrem de transtornos e/ou deficiências mentais: a Psicofobia.

A Organização Mundial de Saúde (OMS) define Saúde Mental como um estado de bem-estar no qual o indivíduo é capaz de exercer suas aptidões, manejar os eventos estressantes normais da vida, trabalhar produtivamente e contribuir para sua comunidade. Um Transtorno Mental, portanto, pode ser entendido como uma condição médica que altera este estado provocando prejuízo no desempenho global do indivíduo. De acordo com a Associação Brasileira de Psiquiatria (ABP) estima-se que mais de 40 milhões de pessoas no Brasil sofram de algum tipo de transtorno mental. Dessa maneira, aqueles que sofrem de

Transtornos Depressivos, Transtorno Obsessivo-Compulsivo (TOC), Transtorno do Déficit de Atenção/Hiperatividade (TDA/H) entre outras tantas doenças mentais, começam a se sentir cada vez mais excluídos, diante desses tipos de manifestações preconceituosas difundidas pela mídia.

Sobre a existência e a veracidade do Transtorno do Déficit de Atenção/Hiperatividade (TDA/H), vale ressaltar que – além de ser reconhecido oficialmente pela Organização Mundial da Saúde (OMS) – o TDA/H é validado também por um Consenso Internacional: produção científica publicada após extensos debates entre pesquisadores de diferentes culturas, instituição, e que não compartilham necessariamente as mesmas ideias sobre todos os aspectos de um transtorno. Segundo a *American Psychiatric Association* (1994) o TDA/H é um dos transtornos mais bem estudados na medicina, e os dados gerais sobre sua validade são muito mais convincentes que a maioria dos transtornos mentais, e até mesmo que muitas condições médicas.

Atualmente, o TDA/H é o motivo mais frequente entre as crianças e os adolescentes encaminhados para atendimentos em serviços especializados. Estima-se que ele afeta 2,5% dos adultos, cerca de 3 a 7% das crianças em idade escolar (dos 6 aos 12 anos) de todo mundo, e em mais de 68% dos casos o transtorno permanece por toda vida. De acordo com o Manual Diagnóstico e Estatístico de Transtornos Mentais em sua 5ª edição (DSM-V), o

TDA/H é mais comum no sexo masculino do que no feminino, na proporção de 2:1 em crianças, e de 1,6:1 em adultos. As características ligadas a desatenção apresentam maior incidência em pessoas do sexo feminino, enquanto os sintomas referentes a hiperatividade e impulsividade são mais observados no sexo masculino. O transtorno costuma ainda apresentar elevadas taxas de comorbidades: em crianças com TDA/H, mais de 50% dos casos surge com a presença de – pelo menos – algum outro transtorno comórbido, e aproximadamente 10% delas, desenvolvem três ou mais comorbidades. Pesquisas indicam que entre as crianças, as mais frequentes são:

- ✓ Transtorno Desafiador de Oposição – 40 %
- ✓ Transtornos de Ansiedade – 34%
- ✓ Transtorno de Conduta – 14%
- ✓ Transtornos de Aprendizagem (Leitura, Cálculo e/ou Escrita) – 10 a 25%
- ✓ Transtorno de Tiques – 11%
- ✓ Transtornos do Humor – 4%

Já entre os adultos com TDA/H, as comorbidades afetam aproximadamente 70% dos pacientes – sendo que destes, 97% possuem até quatro transtornos comórbidos. Estudos indicam que para cada cinco adultos em tratamento de algum outro distúrbio, pelo menos um deles possui o TDA/H. Entre as comorbidades mais comuns observadas em adultos estão:

- ✓ Depressão – 20 a 30%
- ✓ Transtorno de ansiedade –20 a 30%
- ✓ Uso de substâncias – 25 a 50%
- ✓ Tabagismo – 40%
- ✓ Transtorno de personalidade antissocial – 25%
- ✓ Transtorno de sono – 75%

Além de desencadear sérios prejuízos de produtividade e motivação nas atividades acadêmicas, vocacionais, bem como uma habilidade reduzida para expressar ideias e emoções, instabilidade nos diferentes tipos de relacionamentos, prejuízo da memória de execução, retraimento social, efeitos negativos da própria imagem, etc. O Transtorno do Déficit de Atenção/Hiperatividade (TDA/H) costuma causar uma série de impactos ao decurso da vida de uma pessoa:

Adultos com TDA/H, independente do grau de instrução, ganham salários significativamente inferiores aos de adultos sem o transtorno. O estudo mostrou que a diferença é em torno de 10 mil dólares anuais para os indivíduos com formação superior e de 4 mil para aqueles com apenas o segundo grau;

1. 25% dos adultos com TDA/H não terminam o 2º grau contra 1% dos adultos sem TDA/H;

2. Apenas 15% dos adultos com TDA/H cursam a universidade contra mais de 50% dos adultos sem TDA/H;

3. Adultos com TDA/H menos frequentemente concluem uma Universidade;

4. Adultos com TDA/H menos frequentemente conseguem empregos de período integral do que adultos sem transtorno. Item responsável por 17% dos 77 bilhões de dólares de perdas projetados no estudo. Gerando impacto econômico sobre a sociedade;

5. Cerca de 25% dos estudantes com TDA/H apresentam problemas de aprendizado em algum destes setores: expressão oral, compreensão, interpretação de textos e matemática;

6. 30% das crianças e adolescentes com TDA/H repetem ao menos um ano escolar, repetições múltiplas ocorrem em 21%;

7. 35% dos adolescentes com TDA/H abandonam os estudos, 45% são expulsos das escolas e 21% cabulam aulas repetidamente;

8. Estima-se que o desenvolvimento emocional das crianças com TDA/H é cerca de 30% mais lento do que o de crianças sem o transtorno. Por exemplo, uma criança de 10 anos com TDA/H opera num grau de maturidade de 7

anos. Um jovem motorista de 16 anos com TDA/H tem um perfil de decisões de uma criança de 11 anos;

9. 65% das crianças com TDA/H apresentam comportamentos de desafio da autoridade como hostilidade verbal e birras;

10. Crianças com TDA/H mais frequentemente são vítimas de traumatismos cranianos ou poli traumatismo, intoxicações acidentais e internação em UTI em decorrência destas intercorrências médicas;

11. Crianças com TDA/H apresentam um risco 3 vezes maior de acidentes domésticos, 2 vezes maior de traumas, suturas e hospitalizações e 20% delas são responsáveis por incêndios sérios em suas comunidades;

12. Maior risco de gravidez antes dos 18 anos de idade e doenças sexualmente transmissíveis em jovens com TDA/H;

13. Jovens com TDA/H apresentam um risco 4 vezes maior de causar acidentes, 7 vezes maior de acidentes múltiplos e com vítimas, e 4 vezes maior a incidência de multas (por excesso de velocidade e por não respeitar sinais de trânsito);

14. Jovens com TDA/H apresentam maior risco de uso, abuso e dependência de substâncias. Numa pesquisa o uso de tabaco foi informado por 50% dos jovens com TDA/H contra 27% dos jovens sem o transtorno, uso de álcool 40% contra 28% e de maconha 17% contra 5%;

15. Separação ou divórcio ocorre 3 vezes mais entre os pais de crianças com TDA/H do que pais de crianças sem o transtorno;

16. 49% das crianças com TDA/H apresentam dificuldades de se relacionar com outras crianças contra 18% dos controles (crianças sem TDA/H);

17. 72% das crianças com TDA/H têm conflitos com os irmãos e outros familiares contra 53% dos controles;

18. 48% das crianças com TDA/H apresentam facilidade de adaptação a novas situações contra 84% dos controles;

19. 18% das crianças com TDA/H referem ter bons amigos contra 36% dos controles;

20. 52% das crianças com TDA/H necessitam da ajuda dos pais nas tarefas escolares contra 28% dos controles;

21. 26% das crianças com TDA/H necessitam da ajuda dos pais para se aprontarem para ir à escola contra 16% dos controles;

22. Estudos comparativos mostram que adultos com TDA/H apresentam em maior frequência: drogadição (ou toxicodependência), tentativa de suicídio, divórcio, desemprego, insatisfação profissional e desajuste social.

Depoimentos da 1ª Edição

Eu Sou Assim

Eu sabia que era diferente, desde pequena. Nasci assim. Será que sou só eu? Perguntava, perguntava e não tinha resposta. Sempre me senti uma estranha no ninho, um ser de algum lugar que não fosse esse. Não sabia, apenas não sabia. Sempre senti tudo ao extremo. Amor, mágoa, amizade e todos os sentimentos unidos em um só. Tristeza e alegria, sorriso e choro, curiosidade e indiferença. Aliás, curiosidade é o que me move. É uma curiosidade desde pelo mais simples e belo até pelo mais desconhecido. É uma sede de saber constante, mesmo que não seja para um objetivo óbvio. É saber por saber, para compreender, para responder os tantos "por quês" da vida.

Eu tenho dúvidas sobre tudo. Passado, presente e futuro. Pesquiso, pesquiso e pesquiso e nunca me conformo com o que as pessoas dizem apenas para me calar. É algo como amar inexplicavelmente o desconhecido. É estar no auge de uma escolha acertada e abandonar tudo em busca do novo. É me sentir sozinha no meio de uma multidão e me sentir inserida num contexto, fazendo parte do mundo, mesmo estando isolada no quarto. É brigar com o meu irmão e parar tudo porque me lembrei de que comprei uma medalhinha para ele, numa igreja, no mesmo dia. É para dar sorte na busca por um novo emprego. Entregar, explicar como se usa e depois voltar a brigar, mas parar tudo de novo porque não me lembrava nem mais do motivo daquilo tudo.

É amar a vida!!! Querer viver intensamente todos os momentos, e detestar o modo como as pessoas vivem, porque no fundo, no fundo, me sinto muito diferente de todo mundo. É comprar um presente para alguém sem motivo algum só porque estou feliz, mas não saber o motivo de tanta felicidade. E quando eu tento me lembrar do motivo, caio numa tristeza profunda porque na verdade percebo que tudo é temporário.

Eu odeio regras e normas, mas procuro cumpri-las porque tenho respeito ao próximo. Eu converso com quem nunca vi na vida, mas às vezes largo um amigo falando sozinho só porque me lembrei de algo através de uma palavrinha que ele disse. E saio correndo porque tive um monte de ideias mirabolantes sobre aquilo, magníficas mesmo. Com vários pensamentos numa velocidade tão grande e tão louca que, quando paro para escrever e organizar tudo, já passou. Já esqueci porque na verdade as sequências de pensamentos são tão intensas que me perco no tempo. Perco a noção de tempo e de espaço.

Eu não consigo descansar enquanto durmo e, por isso, fico cansada o dia seguinte inteiro, mas, quando chega a noite novamente para eu dormir, eu fico com um pique total. É tanta energia que não sei de onde vem e daí invento um monte de coisas para fazer e me distrair. Eu acordo querendo uma coisa, ao longo do dia quero mais 50 e, ao deitar, deixo tudo de lado porque já tenho uma paixão por uma nova ideia. E faço de tudo para dar certo, mas depois vejo que não deu certo porque eu já desisti.

Choro pelos problemas do mundo, sem ao menos ter resolvido os meus. E rio no meio de uma reunião séria e logo me arrependo devido às consequências. É como se eu fosse uma criança apesar das responsabilidades e missões a cumprir.

Eu foco num novo assunto como se fosse a salvação do mundo e acabo deixando de lado os afazeres que me salvariam o dia. Tento explicar o inexplicável e sempre acho que nunca vai ter solução e, quando isso acontece, é como andar no meio da noite na praia, sem destino e rumo certo. É tudo muito amplo, os pensamentos são amplos.

Na verdade, ninguém ao redor consegue me entender e eu nem sei como explicar. Eu não consigo. Eu perco amigos por não ser compreendida, mas entendo todos eles porque na verdade me sinto diferente e não sei explicar o por quê. Mas agora eu já sei o porquê. É tudo muito confuso e eu adoro ser assim porque se

Deus me fez com essa marquinha no cérebro é porque tenho uma missão muito diferente a cumprir e eu só ainda não sei qual.

Por Flávia Mendes Gomes

Livros Na Estante

Meu quarto é um "ninho de ratos". De repente, me levanto da cama num salto e ponho cada coisa em seu lugar. Assim, é o meu coração, também. Tento arrumar os livros em prateleiras: uma, pras pessoas da família: filha, marido, pais, irmãos. Outra, os amigos: os que se foram, os que estão sempre perto, os que nunca estiveram, mas que amo tanto quanto os outros. Outra, os conhecidos: pessoas que vem e que vão uma vez ou outra, mas que não fizeram nenhuma marca. Outra, os inimigos: quais? Eu os tenho muitos. Mas, nunca sei quem são. Pra mim, todo mundo é bom, só cometem erros, às vezes.

Aí, passados três dias todos estão juntos numa mesma prateleira, as etiquetas se perderam, não sei mais quem é quem, quem é de onde. Espera aí!? Isso parece o meu escritório... rs

Minha vida é assim: tudo tem seu lugar, mas mudam constantemente. E, depois, não sei mais de onde eram, então, as pessoas se misturam. Amigos passam a ser da família. Inimigos, passam a ser amigos, e assim vai.

É confuso, mas até que é bom. Com as lembranças, é assim também. Ouço uma história, lembro-me de outra, leio uma palavra lembro-me de uma festa, sinto um aroma lembro-me de alguém, ouço uma música lembro-me de um dia... Nenhum dia é igual, porque quando ele nasce igual ao ontem, eu já estou diferente. Humor? Tenho muito. Mau humor, também... (risos). Sou cativante com meu jeito falador. Mas, sou cansativa, quando falo além da conta.

Minhas histórias sempre são as mais divertidas, ilustradas com gestos, sons, mímicas, etc. ao menos, eu Me empenho ao máximo. Quando leio um livro, entro dentro da história: se estiver chovendo no conto, ao fechar o livro, corro para fechar as janelas, como se estivesse chovendo ali, também. Por outro lado, se o livro for ruim, pulo páginas e vou direto ao final.

Filmes então... São um problema: odeio assistir sozinha, mas ninguém quer assistir comigo. Afinal, meu apelido acabou sendo "cricrítica", pois cada cena merece um comentário. Tudo o que faço tem que ser o melhor. Ser bom, apenas, não me basta. E, se o que estiver fazendo não for o suficiente para ser o melhor, largo na metade e não termino mais.

Adoro reconhecimentos e elogios, mas adoro fazê-los, também. Quando sou criticada ou repreendida, sempre dou uma explicação. Minhas brigas sempre são passageiras. Afinal, acabo esquecendo porque que briguei. Olho pra pessoas e sei o que elas estão pensando. Principalmente o que se refere a mim. Tenho lapsos de imaginação. Olho pra uma coisa, e imagino uma relação direta com alguma outra, que normalmente não tem nada a ver. Tudo tem que ter quê e por quê!!

Preocupo-me com o que os outros pensam de mim, por isso, faço tudo da melhor maneira possível. Faço cinco coisas ao mesmo tempo, agora, quando me empolgo em uma delas, largo todas as outras sem remorso. Nunca me esqueço de Deus, evito pedir, mas sempre faço uma manha. Sou extremamente emotiva. Choro só de ver alguém cantando bem no Raul Gil, pode? Quando falo de pessoas que gosto, elas nunca têm defeitos, somente qualidades.

Acordo no meio da noite pra lembrar que esqueci do aniversário do meu tio Kiko que foi três dias atrás. Ah! Mas, eu lembrei três madrugas antes do dia, também. Adoro ser filosófica, paradoxal. Observo pichações nos muros das cidades e tento imaginar o que passava na cabeça de quem desenhou aquilo. O que ele tentou dizer? Será que sou louca? Ou, só desorganizada das ideias, mesmo?

Acho que não me esqueci de nada, né? Então, a conclusão fica pra você tirar.

*Thatiana Nunes 26 anos, publicitária, casada e mãe de uma filha, Giovana de 2 aninhos, moradora de São Paulo — capital, **DDA** clinicamente diagnosticada, e nunca fiz uso de Ritalina. Ao menos até hoje, 17 de Novembro de 2005.*

Desabafo DDA — Um Grito De Autoconhecimento

Sabe aquela criança que todos imaginavam ser meio "maluquinha", que fazia tudo ao mesmo tempo, com pulgas no short, molas nos pés e uma pilha "Rayovac" embutida auto recarregável?! Pois é, era eu! Acho até que a personagem "Menino Maluquinho" tinha que ser eu, "Gisele — Menina Maluquinha".

Quando criança, só andava com os meninos porque sempre achava as brincadeiras de meninas enfadonhas e sem graça. E por causa disso sempre fui tachada de coisas como *"Moleque Macho"* e *"Maria João"*, mas nunca liguei muito para estas coisas porque eu, mesmo quando criança, sabia que não era isso e levava na brincadeira ou me fazia de rogada.

Desde sempre odeio regras e não sou muito de cumpri-las, principalmente aquelas que não concordo, ou não entendo o motivo de segui-las. Durante as aulas estava sempre conversando ou aprontando alguma — tachinhas, chicletes, bolinhas de papel, amarrar cadarços dos outras e outras estripulias para os colegas ou professores. Mas só tirava notas boas e apesar disso tudo, os piores professores (que todos os alunos odiavam porque eram exigentes) gostavam de mim. A Diretora nem se fala... Eu vivia na diretoria de castigo, e adorava isto, porque — ao menos — teria lanche e conversa a tarde inteira com a Diretora.

Curiosa ao extremo, sempre queria saber o motivo das coisas, como funcionavam e tenho gosto pessoal para as coisas diferentes e incomuns. Conseguia ficar horas fazendo algo, quase em outro planeta — normalmente fazendo coisas que outras pessoas achavam difícil — e para outras coisas me distraía com o barulho de qualquer alfinete caindo ao chão. Já me vi em várias enrascadas ou situações constrangedoras por isso.

Quase sempre tinha a solução para algum problema que ninguém conseguia resolver e queria pôr logo em prática, o que me colocava sempre como líder de grupo e sala, mesmo sendo "rebelde". Mas às vezes me atrapalho com coisas simples, o que meu ex-chefe diz: "Engole o elefante, mas se engasga com o mosquito...". Minha cabeça é como um turbilhão de ideias... Só tinha um pequeno problema: vivia esquecendo coisas como datas importantes, compromissos. Prefiro mil provas a um trabalho escrito, porque sempre me esqueço de fazê-los.

Para uma criança "travessa" esse cenário é até comum, a questão é que não tem como descrever a vida inteira de uma pessoa em um breve texto e os detalhes destas e de outras situações só as pessoas que têm **DDA** conseguem saber. Com toda esta ficha de infância, fiquei com alguns estigmas: "Ela não vai ser nada na vida se continuar assim...", "Ovelha negra da família", "Ihh! Essa aí eu não sei, viu..." e até de minha sexualidade duvidaram por gostar das coisas que os meninos gostavam por serem mais ativas.

Apesar de já adulta, ainda tenho muitas dessas características com "Rayovac", que trago desde a infância. Levei minha vida até o presente momento lidando constantemente com "rótulos" e apelidos engraçados. Já estou acostumada e sei lidar bem com eles por ser uma pessoa bem-humorada e entrar na brincadeira. Sempre me senti um pouco ou muito: doida, esperta, esquecida, diferente, insana e divertida. Quase todos que conheço me acham divertida, e me consideram uma boa amiga pelo que sou e me aceitam assim, mesmo não conseguindo me entender na maioria das vezes. Compreendo isso, já que nem eu mesma consigo me entender às vezes.

Descobri sobre o **DDA** por acaso. Vi que um "amigo virtual" tinha e, por ser curiosa, pesquisei do que se tratava. Li uma matéria de um site de medicina: "Distúrbio de Déficit de Atenção (**DDA**)", Extraído do livro: ***Transforme seu cérebro, transforme sua vida — de Daniel G. Amen***. E enquanto lia, praticamente via minha vida sendo descrita em cada linha daquele texto. Apesar de longo, li em poucos minutos (hiperfoco) e quando terminei minhas mãos estavam trêmulas e minha cabeça a mil por hora. Precisava ter certeza se tinha **DDA** ou não antes de tirar conclusões precipitadas.

Pesquisei mais a respeito do assunto, Marcus Deminco foi um grande amigo nesse processo, pois me esclareceu várias dúvidas, e me indicou um profissional muito ético — Dr. Paulo, a quem também devo muito, que, após consulta, me diagnosticou como **DDA** do tipo funcional, já que consigo trabalhar, estudar e conviver com as situações da vida, e por isso não preciso tomar *Ritalina* e/ou outros remédios.

É difícil para uma pessoa passar a vida toda sendo diferente, principalmente, considerando como a humanidade trata quem ou o que é diferente, e aos 23 anos de idade descobrir uma parte do que o faz ser assim tão diferente é chocante, mas ao mesmo tempo libertador. Penso que foi essa a sensação que tive e imagino que poderia ter vivido até meus últimos dias na terra sem nunca ter sabido que tinha **DDA** e que outras podem estar em conflitos piores do que os meus — já que tive muita sorte em saber lidar com as coisas ruins do **DDA** e aproveitar as coisas boas.

Contei para minha família, que não demonstrou muita surpresa, já que nunca fui muito normal. E muitos de meus amigos não acreditam ou não levam a sério o que digo a respeito do **DDA** e de eu ter. Quando o Marcus me falou que estava escrevendo este livro sobre **DDA** eu fiquei muito feliz, pois, sendo um livro de alguém que tem **DDA**, poderia passar uma "visão" igual — ou pelo menos semelhante — a de outras pessoas que também passam por estas mesmas situações.

Continuo a pesquisar a respeito e a trocar minhas experiências com outros que têm **DDA**. Com nossas situações divertidas, difíceis e inusitadas, mas, acima de tudo: com a certeza de que nossa vida nunca será simples, pois viemos para dar e ver um colorido especial a tudo, porque na verdade, a vida de uma pessoa que tem **DDA** está longe de ser normal, corriqueira e comum. E com estas trocas de experiências é que conseguimos nos entender melhor e aos outros para vivermos também melhor.

---

*Gisele Reis, 24 anos, Administradora de Tecnologia Da Informação (TI). Além de designer, coordenadora de projetos tecnológicos, dançarina, conselheira, assistente comercial e outras coisas mais... Como quase todo bom **DDA** que tem várias afinidades e habilidades.*

O Eu DDA

Sempre me questionava se todos os outros também viviam com "os pensamentos a mil"; se não paravam de pensar em momento algum; se faziam associações a todo o momento com qualquer coisa; se tinham mudanças de humor e emoções o tempo todo; se sempre viviam "no mundo da lua". Comecei a entender os meus questionamentos aos 18 anos, quando soube ser **DDA** e fui vendo que o modo com que agia e vivia era tudo "normal" para um ser **DDA**.

É maravilhosa a cascata de emoções que se sente; a mudança drástica e veloz de humor; a quantidade incontável de pensamentos e ideias que passa na velocidade da luz pela mente; a criatividade inexplicável que "aparece do nada" e toma conta do seu ser; o amar apaixonada e loucamente.

É horrível o medo de não dar certo; a insegurança; ter consciência de que se esqueceu de algo, mas não saber do que; sentir-se um imprestável, um inútil, um excluído que não se encaixa na sociedade com suas regras rígidas; desconfiar que seus amigos não te consideram o tanto você o considera.

Amar de modo tão intenso que a todo o momento deseja-se dizer a pessoa amada o que sente por ela; sempre comprar algo que o lembre da pessoa amada, algum momento vivido, algum comentário escutado, ou meramente alguma associação "maluca" que só você mesmo entende; pensar ter achado a pessoa ideal e perfeita para você, aquela para ficar junto até o fim.

Amar de modo tão simples e banal que se esquece daquele jantar agendado há dias; que cumprimenta a pessoa amada de um modo tão frio que gera a impressão de não mais a amar; que não da atenção nos momentos que o companheiro precisa falar.

A impulsividade de querer fazer algo pra ontem; sem fazer uma pausa para mensurar a real importância do fato. Porém quantas e quantas vezes no meio daquela "urgência" se lembrar de outra coisa importantíssima, muito mais urgente que a que se está fazendo, mas no longo caminho que leva ao local onde se realizará o ultimo afazer, a mente incansável nos desvia para outra porta, a fim de realizar outra coisa.

Deitar-se na cama e muitas vezes tentar procurar um botão de "Stand By", um botão para desligar a mente, para parar de pensar e deixar o sono assumir. A agonia, pois na correria do dia a dia quando se consegue um pequeno tempo na hora do almoço para relaxar, a mente não acompanha o corpo, não para. E quando se está conseguindo engatar o sono, o despertador toca.

Para mim as "viagens mentais" são as características que mais alteram o meu modo de ser e agir. Como por exemplo, ao ver uma caneta vermelha lembrar-se de uma pessoa, do perfume que usava, de conversas completas que tivemos em sua casa, no sofá confortável de sua sala. E do sofá surgir uma recordação do passeio com pelas lojas do shopping, a procura de móveis novos para casa. E do shopping recordar-se daquele filme que assistiu depois de ter ido mal em uma prova. E daí por diante, até chegar o momento que se percebe o longo tempo que se perdeu nos devaneios. Também pode ser perigoso já que muitas vezes no transito se concentra num determinado objeto e por alguns instantes perder a atenção nos carros.

Ser **DDA** é viver no extremo. Ou tudo ou nada. Não parar de usar a mente a ponto de gerar a exaustão desta, em que a única coisa que se precisa é descanso. Não consigo imaginar minha vida de outra maneira. Está certo que em muitos aspectos temos que ficar sempre nos controlando para não cometermos deslizes. Sou feliz sendo **DDA** e acho que não teria graça se deixasse de ser.

Por Filipe Ramo Barra

Meu nome é Flavia, e meu filho Felipe de 9 anos tem DDA

Com dois anos ou até menos, Felipe fazia travessuras que pareciam engraçadas e ao mesmo tempo estranhas para idade dele. Ele era alegre, tinha e tem até hoje um sorriso "iluminado". Aos quatro anos entrou para escola e, em menos de dois meses, tive que tirá-lo por estar sempre machucado e ninguém me explicar o porquê. Coloquei-o em outra escola. Foram dois anos achando que a mesma era ruim, incapaz de lidar com crianças mais "ativas", até que novamente o tirei. Fomos então para terceira escola, onde ele permaneceu por mais dois anos. A essa altura, me sentia constrangida de ir a escola duas vezes, pelo menos, por semana, para falar com professores e diretores sobre o comportamento dele. Avoado, agressivo, bagunceiro, o que me desesperava, porque esse não era o meu filho. O meu Felipe era e é um menino feliz, de bem com a vida, radiante, e irresistivelmente charmoso.

Eu evitava saltar do carro no sinal de entrada da escola, porque teria que ouvir cochichos e ver olhares direcionados ao meu filho, de forma agressiva, vindo dos pais das crianças. Mais uma escola que não sabia como lidar com o problema. O engraçado nessa escola é que ele levou mais de quinze advertências e achava divertido, chegava feliz em casa, doido para mostrar, porque, mesmo diante de tudo que ele passava, o humor e alegria eram sempre constantes.

No colégio seguinte, passei todos os problemas do meu filho, abri meu coração com o psicólogo da instituição, que se mostrou super-receptivo (até então, nem imagina que ele seria **DDA**), que nenhuma criança era discriminada. No primeiro momento me senti bem, mas com o passar do tempo, vi meu filho se abatendo, caindo às vezes em choro, a autoestima lá embaixo. Comecei a observar mais e descobri a escola fazendo horrores. Ao invés de ajudá-lo, eles o tiravam da sala (tinha oito anos ainda cursando a 2ª série) e o levava para a aula do jardim de infância, onde seu primo de quatro anos estudava e diziam que se ele se comportava feito um bebê era lá que ele ia ficar. Foi tamanha a humilhação, que tive meu filho sem ânimo para nada por alguns dias, apenas tristeza. A Diretora e dona da escola dizia que ninguém gostava dele. Enfim, foram tantas coisas, que o vi fraquejando, sofrendo, sem amigos. Aquela alegria gostosa, tão moleca, estava sumindo... Não preciso dizer que, mais uma vez, no meio do ano, o tirei da escola e, óbvio, estou movendo processo contra a mesma.

Finalmente, depois dessa jornada, achei uma escola onde, mais uma vez, ainda receosa, abri meu coração. Aí sim, encontrei uma escola que o acolheu, quando ouvi pela primeira vez que meu filho poderia ser um **DDA**. Procurei ajuda, estudei o assunto e até hoje procuro novidades e informações.

Diagnosticado, hoje ele tem uma vida tranquila. Não vejo o **DDA** como um problema, vejo-o como uma luz, uma dádiva, algo que sendo descoberto no início, sendo bem tratado e acompanhado, proporciona muita paz ao **DDA** e à família. A compreensão fez com que eu me acalmasse e descobrisse o tamanho do tesouro que tenho. É difícil ainda em alguns momentos, mas vê-lo tranquilo é algo que me dá força e me ajuda a ter a calma e a paciência necessária para entender e me adaptar a essa vida tão "bagunçada".

Acredito que o **DDA** leva uma vida mais tranquila, sendo:

Cercado de amor, não mimos;

Cercado de cuidados, sem exageros;

Sendo ouvido, sempre;

Sendo compreendido diariamente;

Sendo prestativo, útil, sem ser posto de lado achando que com seu jeito afobado, as coisas vão cair, quebrar, bagunçar... O **DDA** é uma pessoa normal como todos, mas com uma LUZ que o torna especial, basta um sorriso para ver!!!

____

Por Flávia Maria Saldanha

A CONTRADIÇÃO
(Marcus Deminco)

Sou o espelho da complexidade na sua forma mais simples;

Sou a intensidade com mil exclamações;

Sou dono de questionamentos intermináveis que lancei ao vento;

Sou pedaço do pequeno mundo lá fora, dentro de um enorme universo à parte;

Sou fiel nas traições e sincero demais nas mentiras;

Sou a pressa com todo o tempo disponível;

Sou a bagunça na qual se encontra qualquer coisa;

Sou a continuação das eternas perguntas, e as respostas ainda sem conclusão;

Sou o errado que busca acertar e a sorte de acertar sem querer;

Sou tristeza mascarando alegria, e alegria enrustida de tristeza;

Sou amigo de quase todos, mas poucos conseguiram me cativar;

Sou altruísta com estranhos e egocêntrico com os mais próximos;

Sou humilde por puro charme, mas vaidoso sem ser pedante;

Sou exagerado na medida certa;

Sou crente, mas também sou cético;

Sou tiro de rosas em canhões, mas disparo mágoas com a própria língua;

Sou tão certo quanto à dúvida e tão duvidoso que já nem sei;

Sou gritos desesperados em silêncio;

Sou interpretado como não queria e invisível quando me mostro;

Sou indeciso por pura convicção;

Sou mais do que esperam e bem menos do que precisam;

Sou aquele que voa ainda no chão e o que desfila aéreo pelas ruas;

Sou a rotina inesperada das imprevisíveis aventuras;

Sou tão óbvio quanto à própria contradição.

Comentários de Leitores

Com respeito aos inúmeros leitores que enviaram por e-mail ou expressaram os seus comentários através de diversos websites da internet, a originalidade dos seus textos foram mantidas de forma integral. Dessa forma, os possíveis erros ortográficos, as abreviaturas de expressões, as pontuações as fontes em caixa alta foram replicadas tal como foram escritas. Se você leitor deste livro, também quiser manifestar a sua opinião, o seu comentário ou ainda também escrever o seu depoimento sobre o livro ou o **TDAH,** basta encaminhar o texto para o e-mail marcusdeminco@gmail.com. Assim, quem sabe o seu texto será publicado na nossa próxima edição.

(...)

Pra começar, ter a coragem de se expor e de se mostrar pelo avesso é algo digno, louvável. Sobretudo se tal jornada tem por objetivo a generosidade em se mostrar como exemplo a tantos outros que precisam justamente disso, de alguém que mostre que é com as adversidades que melhoramos, que é com os próprios defeitos que aprendemos a evoluir, que é com a autoconfiança que tudo flui, que é preciso sacrifício para se chegar onde quer.

Foi isso que Deminco fez em "Eu e meu amigo **DDA**", um depoimento sobre como é a vida de um **DDA** em busca dos seus sonhos e tendo de lidar com seu 'amigo invisível'. Embora seja um livro escrito por um **DDA**, já conhecido virtualmente entre **DDA**'s e que tem como um dos pontos principais exatamente a relação que se tem com o **DDA**, aconselho o livro a todos. Bem escrito, humorado e de uma sinceridade sem igual, "Eu e meu amigo **DDA**" mostra como é necessário viver mais e esperar um pouco menos, conhecer a si mesmo e ser responsável sobre o próprio destino, já que só a cada um cabe essa escolha.

"Eu e meu amigo **DDA**" pode até ser mais proveitoso para não-**DDA**'s, tendo em vista que é uma grande aula das coisas que todos nós **DDA**'s sentimos: uma aula de paixão à vida, de intensidade nas ações e de entrega nas paixões. Embora, como **DDA**'s, vivemos sentindo tudo a mais, como se fosse um grande passeio num jardim de delícias, há o outro lado também, do qual não podemos fugir e que, em alguns casos (infelizmente), é o que mais acontece: uma horripilante jornada nas trevas. Deminco conseguiu fazer de sua vida uma aventura, em que terrores foram necessários para apimentar a história e delícias foram o justo resultado de tantos esforços.

O valor dos sonhos, o poder da imaginação, a doçura das palavras, a ansiedade em relação ao inexorável tempo, a compreensão dos e para com outros... Este é um livro realmente muito bom, vale a pena ler. Não é todo dia que topamos com um depoimento sincero e verdadeiro de uma pessoa que teve coragem de se expor, de expor seus defeitos, seus erros e, claro, suas conquistas decorrentes de suas virtudes.

Só sendo um **DDA** para conseguir agarrar a vida pelos cabelos, arrancar-lhe um pedaço e colocar num livro, um recorte de vida ainda pulsante. Um livro que vibra, que pulsa, que ri e que chora, uma amostra da vida em toda sua dinâmica, com suas fatalidades e seus regozijos. Sobretudo seus regozijos. Um livro que nos prova como viver, simplesmente, vai além. Vai além...

———————

Posted By Guilherme Montana At 10:04 Am

₪ ₪ ₪

Conheci este livro no fim do ano passado. Com menos de duas semanas terminei de ler. Foi bem estranho... A identificação com tudo foi imediata. Logo conheci o Deminco... Graças a nossa querida internet...

Bom.. Ele de vez em quando tem feito umas vezes de psicólogo - rsrsrs -... Quando a incontinência verbal ataca - um dos meus graaaandes problemas.... Falo demais e sem controle de qualidade... - e chego em casa arrependida de ter ouvido alguma coisa... :P vejo lá o MSN.. rsrs bom.. Funcionou umas vezes... Conselhos de quem já passou por coisas assim. TALVEZ ELE NEM SAIBA QUE AJUDOU TANTO.

Juliana Rosa (Lisboa, Portugal)
http://judarosa.blogspot.com/

₪ ₪ ₪

Quando soube da existência de grupos que trocavam experiências sobre **TDAH/DDA**, um transtorno que meu filho possui, decidi participar. Deparo-me com o tópico visivelmente pretensioso: "O maior livro sobre **DDA**". Conhecedora do exagero e dramaticidade dos portadores faço uma pergunta que provoca:

- QUANTAS PÁGINAS?

Mas a doçura e a educação de Deminco me deixam atraída em saber mais. Então leio as 75 características **DDA** e fico encantada com a perspicácia, dedicação e sensibilidade do autor. Como estou em busca de respostas e já destruo as barreiras do preconceito há um ano, desde o lançamento do meu livro SEGURANDO A HIPERATIVIDADE, migro de armas e bagagens para a divulgação do livro EU E MEU AMIGO **DDA**.

A capa bem elaborada e a boa apresentação dão indícios do conteúdo. Numa forma absolutamente sincera o autor se expõe de forma didática e mostra como é o pensamento, o raciocínio, e o modo de funcionamento de um cérebro **DDA**. Sem prender-se excessivamente em termos técnicos dá informações sérias sobre o transtorno. Escrito ora na primeira pessoa, MARCUS, ora na terceira pessoa, DEMINCO, o espírito **DDA**, o livro é atemporal, e não se liga a uma cronologia rígida. Isso dá mais sabor a leitura, que é absolutamente inédita ao mostrar a grande dificuldade de um **DDA** chegar ao fim de uma tarefa árdua como é escrever um livro, e dar conta de fazê-lo bem, pois cada um poderá se ver, ou ver um conhecido ou parente seu naquelas páginas.

Nos capítulos escritos sob efeito da Ritalina, há uma maior organização de ordem, sequência e fim. Os outros, sem ela, são meio conturbados, com interessantes interrupções e mudanças de assunto, com idas e vindas que ambiguamente são elucidativas, curiosas e engraçadas.

Mostra-se despudoradamente e não é apenas quando posa para a revista G-magazine, mas em todos os momentos quando nos fala do mundo gay e o do fisiculturismo. Sem intenções moralistas ou justificativas vãs, conta cruamente como a droga arrasta qualquer um para o fundo, num tempo recorde e assustador.

Cunha frases marcantes dignas de um grifo e mais uma reflexão, e outras típicas do jeito de ser **DDA** que são cômicas e claramente humorísticas, levando a um riso fácil, em contraposição aos momentos mais graves. Fala tudo de si, mas optou por preservar os demais.

Congratulo Marcus Deminco pela iniciativa, pelo resultado e principalmente pela coragem em se dar, pois isso vai resultar em entendimento e redução do preconceito contra os portadores de **TDAH/DDA**.

____

MARA NARCISO

₪ ₪ ₪

Foi Muito Emocionante!

Quando comecei a ler o livro de Deminco, me identifiquei 100% porque sou um TDA muito parecido com ele, quanto a impulsividade. O que mais me chamou atenção foi o fato dele ter criado um personagem de nome Deminco para as atitudes TDA dele. Pra nós TDA é uma vitória ter um livro desse nível e porte escrito por um TDA que é 100% devaneado.

Felicidades
Erito Augusto

₪ ₪ ₪

ADOREI!

Estava ansiosa para você concluir o livro e finalmente descobrir quem realmente é Marcus Deminco, ou talvez compreender determinados comportamentos em você. Apesar de nos conhecermos pouco, e muitas vezes não conseguimos trocar mais que cinco linhas em conversas no MSN. Senti que tínhamos algo em comum, não sei se seria necessariamente esse tal de **DDA**, pois nunca fui diagnosticada, mais sentia um carinho especial e um propósito em querer te ajudar em algo que até eu mesma desconhecia, talvez seja uma dessas características de um **DDA**. Mais enfim, finalmente você dava luz ao seu primogênito e eu uma mera leitora devorava as páginas em qualquer lugar que parasse, e acredite, nos lugares mais impróprios, até mesmo no trânsito quando o sinal fechava.

Sinto por você não ter conseguido ainda realizar determinados sonhos, mais embora estas palavras possam te irritar profundamente tudo tem seu tempo certo, e acima de tudo e de todos Deus escreve o certo por linhas tortas, talvez se você estivesse hoje no auge de uma fama nunca se mostrasse de tal forma para essas pessoas que a partir deste momento estão aprendendo algo com você, com sua experiência, com sua garra e até mesmo com os seus erros.

Identifiquei-me com alguns relatos, o lance de paquerar os feios para aumentar a autoestima deles, brinco com minhas amigas de fazermos o dia do feio feliz, que é justamente dar "bola" para que eles se achem, isso parece coisa de louca né? Admirei-me como você lembra detalhadamente da sua infância, tive uma ponta de "inveja", pois não tive muitas aventuras assim, nem tantos primos, muito menos acampar com eles. Não sei o porquê mais nunca o conseguir te ver despido, nem na revista e nem nas sessões de fotografias, é como se algo tapasse os meus olhos impedindo de vê-lo, ou talvez por preservar muito o meu lado profissional, mais após ler o seu livro posso dizer em letras maiúsculas que você nunca esteve tão despido como agora, e te confesso que o seu lado escritor é muito mais lindo que o seu lado modelo.

Quero também demonstrar uma imensa admiração por duas mulheres em sua vida, uma foi sua mãe, uma verdadeira heroína, outra sua namorada Clara, ela me faz acreditar piamente que por traz de um grande homem sempre haverá uma grande mulher. Acho que devo terminar por aqui, desse jeito vou terminar contando o livro todo. Quem não leu é bom correr e fazer logo o pedido, pois além de estar muito bem escrito é uma grande lição de vida.

Parabéns Deminco, a você também Marcus, nunca desistam dos seus sonhos.

Grande beijo
Márcia Duran

₪ ₪ ₪

ACABEI DE LER

Marcus (com U), me encontrei no meio dos seus devaneios, da sua ânsia de viver tudo ao mesmo tempo, da sua necessidade em sentir plenamente cada segundo do experienciar, as angústias por não ter paciência em esperar o tempo seguir seu tic tac , a força de vontade e a coragem de correr atrás do que vc deseja (nem que esse desejo dure apenas milésimos de segundos).

Mas o melhor de tudo foi perceber, que essa "mania" que tenho de nunca saber o que quero, ou o que não quero, ou ainda, se quando tiver ficarei satisfeita, não é privilegio meu. Entender que faz parte do distúrbio me ajuda a segurar a onda. Quando li os capítulos da sua saga para sair na capa da revista, parei para pensar. Nós realmente possuímos o dom de nos meter em cada enrascada, superar limites e desafiar qualquer coisa para atingirmos nosso objetivo. E quando conseguimos inevitavelmente a primeira pergunta é: O que eu fiz???

Não sou muito boa em elogios, mas parabéns, não só pela iniciativa e coragem, mas por ter vencido o **DDA** e conseguido finalizar o livro. A tempo, gosto mais dos capítulos sem a Ritalina ;)

Bjs
Sabrina Dias

₪ ₪ ₪

EU ME IDENTIFIQUEI DEMAIS COM CADA SITUAÇÃO.

De fácil leitura, Deminco nos prende e faz com que possamos sentir o que ele descreve, comparar situações vividas e ainda, ter em mente que com luta e muito esforço podemos sim vencer a mais árdua tarefa possível.

Deminco, você é um vencedor, um exemplo a ser seguido, me sinto honrado em tê-lo como amigo.

Que Deus o abençoe sempre. Tu mereces tudo de bom.

Abração

Marcelo Schmitt

₪ ₪ ₪

Olá, Deminco,

Peguei seu e-mail na contracapa do seu livro, que acabei de ler recentemente... Interesso-me muito pelo tema, também tenho uma amiga **DDA**... risos... Enfim, o que me surpreendeu mais foi o fato de perceber que você mora em Salvador, local onde resido também... Se possível, gostaria de me comunicar com vc, para conversarmos sobre o tema.

Abraço,

Caroline Borba

₪ ₪ ₪

Simplesmente Emocionante!!!

Nossaaaa q Livro!!! Comecei e terminei tão rapidinho... rs !! E a incrível sensação q deixou ao termino foi de uma imensa felicidade!!!! Felicidade por descobrir um mundo novo, um mundo q antes nunca tinha sido exposto pra mim, um mundo de realidade, conflitos, reflexões e acima de tudo superação.

Quantas vezes nos pegando refletindo sobre o q é "normal" e o q é " loucura"?!! Quantas vezes não conseguimos compreender nossos amigos, familiares, companheiros?...

Adorei o livro, um exemplo pra muita gente (**DDA**s e "normais"!), leitura fácil, muito agradável, momentos engraçados, um relato maravilhoso sobre a infância (adorei), momentos de reflexões, de superações de limites, fora a agonia incessante desse nosso amigo... Foi muito bom conhecer um pouco mais dessa criaturinha maravilhosa... q em sua loucura me fez vislumbrar as mais verdadeiras verdades!! (rsrs...<u>esse exagero aprendi com Deminco).</u>

Sucesso Guerreiro!!! Espero ansiosamente por novas Batalhas!!!

Ainda quero ler muitos livros seus!!!!

Claudia Bastos

₪ ₪ ₪

Deminco,

Mal comecei a ler sua obra, e já me identifiquei por completo... Se tenho este distúrbio, sinceramente não sei, mas que até o momento de minha leitura, parece que o livro foi feito para mim, isto não tenho dúvidas, sabia ?

Ontem senti uma necessidade enorme de falar contigo e falar pra ti, o que eu estava sentindo, sabia? Sabe aquela "necessidade" de falar para o mundo, de conversar sobre o assunto, trocar experiências, que mencionou no início do livro?? Pois é... Parece que esta sensação é inevitável, né? Faz parte do momento de descoberta, renascimento... E é assim que estou me sentindo...

RENASCENDO para a vida! E GRAÇAS A VOCÊ!!

Assim que desligamos a ligação, ontem a noite, confesso pra ti, sem vergonha nenhuma, que simplesmente... Caí no choro!! Um misto de felicidade e questionamentos invadiu meu coração... Enfim... Uma sensação boa! Digamos... De emoção...

Fui dormi tarde... Liguei para meu ex-namorado, um grande amigo atual, o qual me relacionei por uns 3 anos, para compartilhar com ele sobre o que estava acontecendo... Ele sempre dizia que eu era diferente e muito especial com este meu jeito de ser (Super impulsiva, intensa e verdadeira em sua emoções, paranoica com arrumação/limpeza, desligada do mundo, super aérea, muitas vezes infantil,..., ...,...., constantes mudanças de humor, ..., enfim..); Para você ter uma ideia, logo que o conheci, virei para ele e disse : " Tem certeza que quer ficar comigo ?? Olha que sou um E.T !! " rsrs

Mas isto nunca foi um grande problema para mim, pois devido ao meu excesso de bom humor (apesar das alternâncias...), sempre levei tudo na esportiva e com muita leveza... O máximo que me diziam era que eu era "maluquinha"... Que bom, meu amigo, ter recebido de ti este presente!! Tenho certeza, que ainda tenho muito que aprender a respeito do D.D.A e ainda, muitas respostas para encontrar, para tantos questionamentos, dúvidas que existem dentro de mim...

Hoje amanheci sentindo-me mais feliz, sabia? Pois como mesmo citou no livro, quando a gente encontra uma denominação para o que se sente, é muito melhor e mais fácil de se aceitar, não é mesmo? Não sei.... Mas estou "me namorando"! Estou naquela fase de descoberta, de quere ficar comigo mesma... Bom, se deixar, vou acabar sendo chata, de tanto que estou escrevendo, mas é que meu coração, meu sentimento, quer falar, entende ?

Desde já, quero dizer pra ti, que foi MARAVILHOSO ter te conhecido, e que Deus possa iluminá-lo sempre e cada vez mais! Você, Marcus, além de ter si ajudado, está querendo também ajudar aos outros portadores do distúrbio também... E isto é muito humano!! Quero parabenizá-lo pelo seu trabalho, pela sua sensibilidade, pela sua inteligência, pelas suas palavras...

Sei que está trabalhando num novo livro... Saiba que, se eu puder contribuir com alguma coisa, conte comigo, ok? Não tenho receios de me expor, principalmente, quando é por uma causa justa e bonita: Alertar, levar conhecimento para os ignorantes e carentes do assunto, e que, com certeza, estão espalhados por aí...

Se um dia for possível Deminco, gostaria muito de poder conversar pessoalmente contigo, trocar experiências, tirar dúvidas... Conversar a respeito, tá? Bom, vou ficando por aqui, te dando a certeza de que está contribuindo para a felicidade de muitas pessoas... E quando se olhar no espelho, sinta muito orgulho por ser o que é, e fazer o que faz!

MUITO OBRIGADA.
Carinhosamente..
Valéria

₪ ₪ ₪

shalliny_thassila@yahoo.com.br diz:

Deminco sei q vc tá ocupado.. Nem precisa responder não.. Só ler.. rss assim q o livro chegou, após fazer um lanche, comecei a lê-lo.. Detalhe: li 58 páginas 100 parar!! Um marco na minha vida!!! Mas o q eu queria falar mesmo é o seguinte...: Vc leu minha alma e a descreveu em palavras... rs não sei se fico feliz em me sentir acolhida ou me sinto desconfortável por "saberem" tão intimamente sobre mim.. RS

₪ ₪ ₪

Marcus Deminco,

Tenho um filho de 6 anos portador do **DDA** e confesso que às vezes sinto angústia com o conflito interior que o acomete. Já li o livro Mentes Inquietas e agora estou lendo seu livro Eu e Meu Amigo **DDA**. Ambos têm me ajudado muito a lidar com essa questão.

Desde o ano passado percebi que o rendimento escolar do meu filho estava aquém do esperado. Percebemos, também, além da deficiência com o aprendizado, atitudes que nos levaram a observá-lo mais atentamente. Hoje ele está na Alfabetização, mas continua sem conseguir acompanhar a turminha da escola. Isso tem comprometido bastante sua autoestima, tanto que ele não quer freqüentar a escola. Todo o dia é uma luta para convencê-lo, sem irritá-lo. Próximo ano ele vai repetir a Alfabetização. Decidimos que vamos mudá-lo de escola. Acho que vai ser melhor, pois, embora a Escola que ele estude seja muito boa, acho que ele vai sentir muita falta dos coleguinhas que irão para a 1ª série, pois embora com toda essa dificuldade ele é muito querido pela turma. Ele está sendo acompanhado por uma psicopedagoga. Não sei como vai ser no próximo ano, mas estarei sempre ao seu lado para ajudá-lo no que for preciso.

Obrigada por, indiretamente, estar me ajudando nessa caminhada! Abraços,
SUSANE SUZART
Ah! Fui às lágrimas com o poema escrito por você no Livro. Achei lindo e muito profundo! Retrata exatamente o quê é um **DDA**.

₪ ₪ ₪

Amigo Deminco!!!

Preferi contatar você pelo e-mail já que estava disponível no seu orkut bem como para preservar a sua intimidade e, por consequência, a minha.

Estou no Rio Grande do Sul, na casa de meus pais, até domingo e infelizmente não achei seu livro em nenhuma livraria aqui, pois a cidade é pequena. Estarei fazendo o pedido ainda hoje porque estou louco, super curioso para lê-lo. Além de saber um pouco mais de você, saberei um pouco mais, por consequência, de mim o que me agrada muito, pois creio que temos algumas semelhanças e gostos parecidos.

A fim de que me conheça um pouco, se interessar é obvio, esclareço que estou na fase do "ainda bem que tem" ritalina e ainda bem que existe psicóloga (vou uma vez por semana) e neurologista (receita 3cx de Rita cada vez). Tenho procurado o autoconhecimento que você me sugeriu.

Cheguei ao fim, nesse segundo semestre de 2006, de um casamento de sete anos com uma pessoa legal. Ou seja, meu projeto de vida terá que ser totalmente modificado. Meu plano inicial de família "furou" e uns dos fatores acho que foi o **DDA**. Não dá para acontecer isso de novo e não posso falhar com o meu filho de três anos e meio que tive com minha ex-mulher.

Meu objetivo é não tomar mais esse remédio "caixa preta" e ir, ao longo da vida, substituindo-o por homeopatia, psicoterapia, exercícios físicos,suplementos alimentares, alimentação, etc, até que possa eliminá-lo totalmente desde que isso seja possível. Por isso gostaria de saber se você pactua comigo e se há estudos nesse sentido no seu livro ou, se não há, se há se você me dá algumas dicas a respeito.

Creio até, que você é pessoa mais adequada, nesse assunto, que muitos médicos que tem por aí e que não sabem é nada, a não ser receitar ritalina, pois é mais fácil do que estudar o assunto. É sempre bom ver que uma pessoa que nem você, um brasileiro, foi a fundo no tema **DDA**.

Gostaria que me linkasse nas fotos que apontam a diferença fisiológica de um cérebro com e um sem **DDA**. Pelo que eu entendi é possível o diagnóstico do **DDA** por exame físico e não apenas conversa com neurologista ou psicólogo, diferente do que me falam aqui. Tomografia computadorizada em cores é isso? É só isso? Há outro mais sofisticado? Seu livro aponta dicas? Posso fazer um exame do meu cérebro?

Eu fico só no sábado sem ritalina. O uso descontinuado de ritalina, que pelo que entendi é o que você faz. Isso não é prejudicial? Existem "danos cerebrais irreversíveis?" Quais? Seu livro aponta?

Muito obrigado por me aceitares como amigo, espero que continuemos a manter contato.

OBS: Tenho uma amiga em Salvador, jornalista, e gaúcha também. Era do correio da Bahia. Jane Cristina Maslowski. Se souber dela da um toque.... Perdi contato faz tempo. Aliás, tem uma mulherada bonita nesse teu ORKUT.

Acho que vou escrever um livro também!!!!! HEHEHEHEHE.
Um abraço
Marcelo P. S.

௰ ௰ ௰

Olá Deminco!

li o seu livro e gostei muito, pela primeira vez conheci um **DDA** adulto baiano e eu pensava que eu era única na Bahia. Ri quando vc disse que estudou no Status, pois eu também passei por lá. Aquele colégio era muito estranho e engraçado. Eu estudava na sala que ficava na garagem, as vezes o mau cheiro do banheiro era tanto que ninguém conseguia assistir aula. Os quitutes da cantina ficavam mais de uma semana no mesmo lugar até as formigas e outros insetos devorarem eles por inteiro.

Pois é Deminco, mas de fato eu lhe escrevo para falar do **TDAH** que para mim é uma doença subestimada pelos médicos ainda, mas para mim é uma doença grave por trazer um comprometimento na vida profissional do individuo e consequentemente em outras áreas de sua vida.

Os médicos só se interessam em tratar as crianças, mesmo assim muito mal. o único problema que o **DDA** me traz é que tenho uma distração crônica, por exemplo, eu não dirijo. Tomei Ritalina, mas não senti nenhuma melhora. Fiz um exame chamado perfusão cerebral que confirma o distúrbio. Meu pai e meu irmão também tem o distúrbio da atenção.

Talvez o único problema que eu chamo de karma seja essa doença, que por causa dela atraí uma serie de inimizades na vida, pois as pessoas gozam com a minha distração e subestimam a minha inteligência.

Diferente de vc tenho paciência para estudar, mas o problema é na hora de me concentrar e de lembrar o que estudei. O raciocínio as vezes é muito lento, mas com certeza muito aumentado pelo problemas emocionai que a doença traz. Hoje tomo Prolift um antidepressivo que aumenta a noradrenalina. Os hormônios que produzimos pouco é a dopamina e noradrenalina, entretanto hiperativos como vc produzem muita noradrenalina que vai diminuindo quando vcs hiperativos se tornam adultos. Tenho certeza da cura ou da minoração da doença algum dia.

Um grande abraço
Manuela

₪ ₪ ₪

Deminco...

Até aonde li o livro ele nos leva literalmente ao 8 e ao 80 em questão de segundos.

Tipo... Estou lendo uma história e tenho crises de riso e antes mesmo que a história se acabe, já bate uma tristeza, uma vontade de chorar... É realmente como vc fala; extremista...

Identifiquei-me com a forma que vc fala sobre novamente os extremos ao escrever!! Caramba!! Foi bom saber que não sou maluca... kkkk. É mais ou menos aquilo mesmo que sinto... As vezes vontade de desistir por achar uma droga (e num desses momentos foi que joguei meu livro fora.. hahah)... As vírgulas!! Kkkkk. Bom... Pelo menos estou me sentindo mais normal ao ler isso...

Você É um grande escritor. Só precisa ser descoberto pelos grandes e isso não demorará de acontecer. Quero o autógrafo no livro, pois quando vc tiver no Jô (eca!! risos...) vou poder tirar onda com a sua assinatura no meu livro.

Apenas 3 livros em toda a minha vida prenderam a minha atenção ao ponto de ler em menos de 3 dias (e já li muito mais de 100 livros, hein?):

- O DIA DO CORINGA (JOSTEIN GAARDER)

- ELE ESCOLHEU OS CRAVOS (MAX LUCADO)

- EU E MEU AMIGO **DDA** (MARCUS DEMINCO)

Clarissa Cruz

₪ ₪ ₪

EMOCIONANTE!

Claro que o livro é muito mais que emocionante, pois é esclarecedor, chegando a detalhar a mente de um **DDA**. Tem, ainda, a coragem bela de um homem que se desnuda inteiramente, sem pudores, sem máscaras, sem "frescuras" e com muita dignidade!
Mas eu sempre defino como "emocionante", arrepiante porque me toca lá no fundo do fundo do fundo mesmo! Toca n'alma! Não há como não me identificar em inúmeros momentos...

É um livro maravilhoso, que gostaria que TODOS lessem para entender o que é ser **DDA**, que não é "fingimento", "coisa inventada de gente sem educação" etc.

Edna Souza

₪ ₪ ₪

Prezado Marcus (ou neste momento será o Deminco?),

Escrevo-te neste momento com nosso amigo atuando a flor da pele.

Resumindo bastante minha estória, sou advogado, 34 anos. Quando finalmente acho que consegui uma melhora significativa na minha vida, emprego em excelente escritório, certa independência financeira, saí da casa de meus pais e fui morar com a namorada. Tudo corria bem, de repente, a vontade de desistir de tudo. Foi quando finalmente decidi ir a um psiquiatra, pois tive certeza que tinha alguma coisa de errado. De repente o diagnostico, **DDA**. Nunca tinha ouvido falar. Já tinha feito vários tipos de terapia, enfim, tentei de tudo, até tomar passe em centro espírita para ver se tirava algo de estranho que achava que existia dentro de mim.

A descoberta já me fez melhorar muito, e como você, a impulsividade está me fazendo ler tudo que existe a respeito. Porém, a sua obra é simplesmente a melhor. Não é somente a sua biografia, é minha também. Como possuímos a mesma faixa etária, vivi situações idênticas às suas.

Hoje vou fazer uma consulta médica com relação à minha dislexia, um tratamento inédito e que só existe em uma clínica aqui de Belo Horizonte. Informarei-te dos resultados.

Muito obrigado, e espero correspondermos ainda mais.

Bernardo

ℤ ℤ ℤ

Olá!!

Estou lendo seu livro, o EU E MEU AMIGO **DDA**, nunca pensei que encontraria pessoas com o mesmo problema que o meu, descobri que sou **DDA** faz 10 meses e até hoje ainda não consegui entender direito o meu comportamento ao longo da minha vida, ainda estou voando no assunto, tenho certo medo de descobrir coisas sobre o problema, mas ao mesmo tempo fico aliviada em ter as milhares de explicações para tudo que já passei e sofri. Sou de Salvador também, até hoje não encontrei ninguém com o mesmo problema, gostaria muito de conversar com uma pessoa **DDA**. Na minha família ninguém é **DDA**, tenho muitas irmãs e nenhuma delas é **DDA**, nem meu pai nem minha mãe, será que é mesmo hereditário?

Cristina Gonzalez

ℤ ℤ ℤ

FANTÁSTICO

Fiquei surpresa primeiramente comigo que não recordo ter feito a leitura de um livro em apenas um dia e meio. E segundo que não esperava muito desse livro, me enganei, pois, o livro ta lindo, relatando a historia de um **DDA**,um ser sempre sonhador.A medida que estamos lendo queremos saber mais e mais assim não conseguindo parar a leitura e devorando de uma vez só. Momentos de descontração, risadas, tristeza. Parecia ate que eu que estava vivendo aquilo tudo.

Sucesso. vc merece!
Beijão.
Lucinha Luz

₪ ₪ ₪

EU INDICO

SOU PROFESSORA EM SALVADOR E PRA MIM FOI MARAVILHOSO LER O LIVRO E AO MESMO TEMPO VER NAQUELAS LINHAS O RETRATO DAS ATITUDES DE ALGUNS ALUNOS. ACREDITO QUE DEMINCO E UM HOMEM MUITO CORAJOSO PARA EXPOR TAO PROFUNDAMENTE A SUA VIDA, MAS AO MESMO TEMPO SEI QUE SENTE UM GRANDE CONFORTO EM SABER QUE AQUELES DEPOIMENTOS SERVIRAO PARA AUXILIAR TANTAS PESSOAS, PRINCIPALMENTE CRIANÇAS QUE NAO SAO COMPREENDIDAS E TRATADAS COM SIMPLES "CAPETAS".

PRA QUEM NAO ESTA INTERESSADO NESTE ASSUNTO O LIVRO TAMBEM E MARAVILHOSO, POIS REVELA

VARIAS HISTORIAS HILARIAS VIVIDAS POR DEMINCO, AQUELA DO FIO DENTAL ENTAO, DEI MUITAS RISADAS. PARABENS PELA SUA FORCA DE VONTADE E IMAGINACAO.

PS. MEU COMPUTADOR NAO TEM ACENTUACAO NEM CEDILHA

Carla Almeida

₪ ₪ ₪

Depoimento atrasado.. Como em quase tudo. Rsrs

To me sentindo uma traidora pq apesar de ter sido uma das pessoas q fizeram depoimento para este livro... Aconteceram muitas coisas em minha vida pessoal e profissional q acabaram por me impedir de ler o resultado deste projeto louvável do Deminco antes... Desculpa por isso Deminco (mas vc tb teve sua parcela nisso né enrolado??! Se eu fosse esperar por vc eu tava frita... Rsrs...).

Sou suspeita p falar mas o livro é mesmo muito interessante... p quem é **DDA** e até mesmo p pessoas "normais" pq conta histórias reais engraçadas, tristes e de superação pessoal. Recomendadíssimo!!! Foi uma experiência única ler esta pérola **DDA** e espero que venham outras mais heim?! Q tal?

Gisele Reis

₪ ₪ ₪

SENSACIONAL!!

A gente se apega a leitura, nos interessando pra saber o que virá no próximo capítulo. Os acontecimentos narrados pareciam ir se ligando uns aos outros, por mais que fossem fatos rotineiros e simples se tornaram excelentes histórias, intrigantes, empolgantes de serem lidas.

É interessante como quando você está sem a "Rita" as mudanças de assunto são intensas, repentinas e frequentes, enquanto nos que você está sob o efeito da droga o texto se enriquece de detalhes seguindo mais ou menos uma linha de raciocínio.

Incontáveis vezes ri sozinho na sala ao me identificar perfeitamente com as situações. Em outras me imaginando ao seu lado, como expectador, rindo mais ainda. Pra quantas pessoas tive de responder a pergunta "QUE LIVRO É ESSE?", justamente devido a essas risadas. A alegria aliada a vontade de grifar com uma caneta vermelha os itens do manual do **DDA** associada a vontade de gritar "Eu sou assim!! Me compreendam como eu sou!!"

Parabéns ao Deminco (e ao Marcus) pela realização deste grande livro. Se para uma pessoa "normal" terminar um livro é difícil imagine para uma que não consegue se concentrar em nada. O que podemos esperar é que as pessoas possam entender melhor como funciona uma mente **DDA** e que novos estudos possam ser feitos a fim de elucidar algumas duvidas ainda existentes.

Mais uma vez,
PARABÉNS DEMINCO

₪ ₪ ₪

EU DE NOVO

ESSE LIVRO TEM ME SERVIDO DE CONSOLO, APOIO E DIVERSÃO NAS HORAS EM QUE EU QUERO ME SENTIR INSERIDA NUM CONTEXTO.. E NADA MELHOR DO QUE ESTAR INSERIDA NO "NOSSO" CONTEXTO.

BEIJOCAS.
Flávia Vegan

₪ ₪ ₪

VIDA LONGA

Pra você, Deminco. Seu livro me mostrou que é possível SIM, ser uma pessoa completamente integrada socialmente, você não faz ideia de quanto me encorajou. Já queria ter te dito isso antes, mas como não foi no impulso... Olha Seu Moço, eu aprendi muito e só tenho a te agradecer.

Beijos...
"O MUNDO É NOSSO"

Chintia Ziole

₪ ₪ ₪

AMEI, RI, CHOREI!

É uma delicia ler o livro e entrar no universo do Marcus e do Deminco, conhecer a fundo a historia de um **DDA**, seu dia a dia...e o mais gostoso e ver q é o seu dia a dia q ali está descrito. Amigo, agradeço por ter surgido na minha vida numa hora de desespero, vc me abriu os olhos e acalmou meu coração!

Muita sorte na sua vida e q venham outros livros.

₪ ₪ ₪

Eu li o livro e gostei Gostei pela ideia pioneira... De alguém com essas características ter conseguido concluir o trabalho, pelo bom gosto e capricho com q foi feito, do princípio ao fim. Acho q muita gente gostaria de escrever um livro (eu sou uma dessas pessoas) o q é difícil p/qualquer um, ditas pessoas "normais" imagine o q isso significa para um **DDA**.
Vc está de parabéns Deminco, te admiro pelo seu esforço, por sua obra. Que bom que conseguiu, Deus te ilumine p/ conseguir MUITO MAIS, principalmente o q te faça feliz.

₪ ₪ ₪

Deminco...

São exatamente 2:18 da manhã do dia 22/07/06 e resolvi não ir para a Boate Metrópole da proprietária Maria do Céu (onde vc , provavelmente, veio divulgar a tua revista) Enfim . . . deduzi que tenha sido ela , mas vamos ao que eu achei!

Cara , é inexplicável a sensação que eu senti quando comecei a ler o livro. Primeiro a inusitada, no mínimo curiosa, coincidência do livro ter chegado no dia em que falei com vc no msn e , também relevante, no dia do amigo! De fato amei a coincidência e me senti presenteado! :P

Logo no início, através dos papos com a tua sogra e do entusiasmo com o qual vc narrava parte da tua surpresa com misto de alivio pela descoberta eu fui entrando em um transe (tá , vamos chamar de hiperfoco imaginativo) no qual eu "lê-ssistia" o livro! Tipo, eu parecia um narrador oculto de um filme que assistia. Algo que dificilmente ocorre comigo uma vez que ler livros pra mim é uma tarefa árdua. As minúcias da casa do teu avô, (o copo azul no qual bebia coca), a raiva por receber roupas no natal, o reencontro com aquela famosa cadeira do fundão, o ódio e falta de entendimento de alguns professores e a experiência enfadonha que aulas se tornaram. Putz tanta coisa. Tanta coisa. A maconha, as drogas e a incessante busca por emoções. O atropelamento de palavras em horas de "avaliação" como entrevistas; o futurismo e problematização antecipada de fatos; e a curiosa antecipação mental das entrevistas simuladas com o Jô !!!!!!

Caraaaaaaaa, um dia antes estava eu e uma amiga minha jantando num restaurante enquanto eu contei pra ela que ficava me auto entrevistando no banheiro e ela se via abrindo a Caras e se vendo! Quando li aquilo eu ri até chorar. Mas, tirando toda a identificação dos sintomas em comum e de experiências em graus diferenciados devido a minha idade e história de vida, o que mais me chamou a atenção (e emocionou devido ao momento em que estou) , foi a tua coragem e determinação de não desistir do teu sonho. Essa semana eu tive que fazer (pela 4° vez) minha matricula em uma faculdade. Faria um curso medíocre, e me sentiria medíocre pro resto da vida por simplesmente ter me rendido a pressão social e familiar de "ter um diploma". Desde pequeno queria ser artista. Toco teclado desde os nove anos.

Não sou um virtuose pq não conseguia me concentrar nos exercícios e me sentia um incapaz e era super inseguro. Queria ser ator, mas deixei passar várias oportunidades pq todo mundo dizia "isso é coisa de viado!". Pra piorar mais ainda, devido ao fato de eu ser gay , e ter consciência disso desde novo, achava que era anormal e que todos os meus sintomas **DDA**s proviam do meu "distúrbio" sexual. Eu pensava em tudo: abdução por extraterrestres, encosto, espíritos, mulher encarnada em corpo de homem, enfim . . . ! Me sentia um alien e morria de medo de ser rejeitado por todos e criticado severamente. Devido a minha constante antecipação de problemas e reações fui sublimando meus sonhos e amargando uma infância e adolescência repleta de frustrações e dissabores para que as pessoas não me enxergassem e vissem "o que" de fato eu era.

Anos passaram e depois de um ano no EUA e uma outra visão de mundo , fora a ajuda da minha terapeuta na época , eu finalmente abri o jogo com todos em casa. Foi um caos! Era um misto de desconforto com alivio. Pra encurtar mais essa história antes que vc morra de tédio (rs) quero dizer que o teu livro foi o empurrãozinho que faltava pra eu tomar uma decisão simples mas que adiei por muito tempo: A de ser Feliz.

Semana que vem vou me matricular na escola de teatro daqui e me formar no que mais amo que é artes cênicas. Fim do ano vou gravar meu cd com todas minhas musicas engavetadas e vou divulgá-las por ai! Em suma, vou lutar pelos meus sonhos e expelir de vez toda essa energia contida por tantos anos!

Bicho,

Valeu mesmo por ter escrito esse livro! Acho que deve ser recompensador escutar que ele ajudou alguém de alguma forma. E antes de me deixar depreciar por pensar (ahhh, ele vai odiar ter que ler isso tudo) espero que vc se sinta feliz por ter ajudado alguém a ser mais feliz.

Abração pra vc !

Thiago Hanken

₪ ₪ ₪

Cara,

este foi o livro que terminei mais rápido em minha vida... 1 dia e meio...me identifiquei muito com diversas situações e comportamentos descritos.

Abraços,
Fabiano

₪ ₪ ₪

Li em dois dias! Muito bom. Adorei sua riqueza de detalhes. Ri, chorei, pensei... Parabéns pela sua coragem, franqueza e perseverança. Obrigada e q Deus te abençoe.
Agente vem nesta vida pra fazer alguma coisa e vc ja esta fazendo.
Não pare nunca por que:
O MUNDO E NOSSO...
Monica Pecoraci

₪ ₪ ₪

Oi Deminco,

tb sou **DDA** diagnosticado desde a infância e estive lendo agora alguns tópicos da comunidade **TDAH**, achei interessante as tuas colocações sobre nosso distúrbio e gostaria muito de adquirir teu livro. Já li o da Ana Beatriz que me elucidou muitas características do meu comportamento que eu nem associava ao **DDA**! Nunca me mediquei, sempre fui bem na escola devido a uma atenção super especial que tive dos meus pais na infância, inclusive fiz fisioterapia quando pequeno, só que venho tendo problemas muito frequentes com minha impulsividade principalmente com relacionamentos, bem como "mini depressões" frequentes que desencadeiam numa baixa na minha produção intelectual e artística com qual trabalho. Quero me informar mais sobre até que ponto posso ir sem remédio e qual o efeito colateral da ritalina.

Ajuda-me! Grande abraço!

₪ ₪ ₪

Li, reli... E, definitivamente ele me mostrou que á possível SIM, ser uma **DDA** alegre e integrada na sociedade e vendo sempre o que de melhor posso aproveitar do lado positivo. Ele está me dando um norte que me faltava, dando lugar aos tantos rótulos que sempre me perseguiram.
Deminco, agora sim posso repetir o que você diz:
O MUNDO É NOSSO!

₪ ₪ ₪

MUITO BOM!!!

Li "Eu e Meu amigo **DDA**" e digo que foi um dos melhores livros que li. Envolvente, engraçado e muito interessante, Marcus Deminco com uma linguagem simples e clara conta perfeitamente as suas experiências com o distúrbio, trazendo a tona dramas como a falta de "instrução" de professores e familiares com o portador do distúrbio, além das consequências que isso pode vir a trazer na vida de uma criança.
Surpreendente, o livro tem momentos altos e baixos que podem fazer vc rir e chorar em um drama peculiar que desperta o interesse do leitor envolvendo-lhe em um conjunto de emoções inexplicáveis. A propósito quando sai o próximo?

₪ ₪ ₪

EU JÁ ESTOU RELENDO

E posso adiantar que é fantástico, vale muito a pena. É um relato impressionante de uma vida cheia de nuances, mesmo sendo Deminco tão jovem, além de contar com depoimentos no fim.

Um abraço

₪ ₪ ₪

É tão interessante q vc tem vontade de ler o livro inteiro de vez pra saber o q acontece no capítulo seguinte. Esse livro ainda vai ser adaptado pro cinema

₪ ₪ ₪

TERMINEI.

Em um dia e meio devorei tudo.. Amei com paixão a minha leitura e me trouxe um conforto muito grande para os problemas que venho enfrentando devido a impulsividade... Não é só para **DDA**'s , familiares e amigos, é para todos aqueles que se preocupam com o ser humano e suas diferenças..Chorei e ri muito ao lê-lo... Cada passagem de humor contada de forma espetacular... E adorei tb a parte do " em ação "...

Beijocas e sucesso..
Flávia Vegan

₪ ₪ ₪

ÓTIMO!

O livro é instigante, dinâmico, agradável, triste, excitante, divertido... Confesso que esperava menos! A externação dos sentimentos é perfeita... Faz que a gente mergulhe nas histórias e tenha a sensação de ter "vivido" o que lemos, tamanha a riqueza de detalhes. Tanto a organização, quanto a desorganização das ideias é fascinante.

₪ ₪ ₪

INCRÍVEL DEMINCO,

ESTOU TERMINANDO... HJ MESMO TERMINO, MAS ANTES QUIS VIR ATÉ AQUI PRA AGRADECER... DEMINCO VC É UM IRMÃO-PAI-AMOR ETERNO... SUA OBRA ESTA FANTÁSTICA... ESTOU AMANDO... SUAS PALAVRAS, ATOS, EXPERIÊNCIAS, EMOÇÕES, MEDOS, ANGÚSTIA, ETC...ETC...
SÃO COMO AS MINHAS QUE FICAM ESCONDIDINHAS LÁ DENTRO DE MIM... E QUE EU NUNCA CONSIGO COLOCÁ-LAS PRA FORA! DE FORMA "SIMPLES, PORÉM COMPLETA"... IMPRESSIONANTE COMO O LIVRO MOSTRA O LADO D.D.A. DE UMA FORMA EM QUE A "SINTONIA DO LEITOR COM O AUTOR" CHEGA A SER ALGO ASSUSTADOR (NO BOM SENTIDO, CLARO).
VOLTO AMANHÃ E FAÇO QUESTÃO DE DAR COMENTÁRIO MELHOR... BOA NOITE!

₪ ₪ ₪

Ainda estou lendo e estou adorando, já chorei, já ri e principalmente já me identifiquei demais com fatos narrados.

₪ ₪ ₪

Deminco,

Adorei seu livro! Já tinha ouvido falar em DISTÚRBIO DO DÉFICIT DE ATENÇÃO e tentei levar para o meu dia-a-dia em sala de aula esse meu conhecimento e confesso que foi muito difícil. Como e complicado manter a serenidade numa classe com 25 crianças de 5 anos e pelo menos 5 **DDA**!
Terminei de ler seu livro com uma imensa vontade de rever esses alunos (estou de licença premio) e beijá-los muito! Também não consegui conter as lagrimas ao lembrar-me das vezes em que não tive paciência e que praticamente não quis enxergar esse amigo invisível que tantas vezes consegue me tirar do serio e ao mesmo tempo me faz morrer de amores por eles.

Parabéns!
Lucinha Tavares

₪ ₪ ₪

EU LI O LIVRO

O livro é instigante, interessantíssimo. Há momentos lindos de recordações, de descoberta, do doce sabor da infância, dos "amigos sociais", de lutas, de vitórias e principalmente, da necessidade de conviver com o **DDA** esse "ser impulsivo e passional". A prosa de Deminco flui, é cadenciada, é uma conversa com o leitor, uma conversa boa que queremos mais. Difícil não se alegrar em alguns episódios, difícil não se entristecer em outros e impossível não aprender muito. Sem dúvida, um livro útil para quem é **DDA**, para quem convive com alguém com **DDA** ou para alguém que quer aprender mais sobre o ser humano.

(...)

Sobre o Autor

Marcus Deminco (Salvador-BA. 28/Set/76). Escritor e Psicólogo brasileiro. Doutor Honoris Causa em Transtorno do Déficit de Atenção com Hiperatividade (**TDAH**) *Practitioner* e Tutor de Programação Neurolinguística (PNL); autor de artigos científicos no Portal dos  Psicólogos (O maior Site sobre Psicologia em Portugal). Além de ser dono de diversas frases — textos e pensamentos compartilhados em sites e redes sociais. Entre seus escritos, o propalado texto Por que ler Paulo Coelho? – texto bastante elogiado pelo próprio autor. Marcus Deminco é também autor dos Livros:

1. EU & MEU AMIGO **DDA** – Autobiografia de um Portador do Distúrbio do Déficit de Atenção.

2. O Segredo de Clarice Lispector. (Portuguese Edition)

3. The Secret of Clarice Lispector (English Edition)

4. El Secreto de Clarice Lispector (Spanish Edition)

5. VERTYGO – O Suicídio de Lukas (Portuguese Edition)

6. VERTYGO – The Suicide of Lukas. (English Edition)

7. Helen Palmer – Uma Sombra de Clarice Lispector (Portuguese Edition)

8. Helen Palmer — A Shadow of Clarice Lispector (English Edition)

9. Transtorno Bipolar — Aspectos Gerais (Portuguese Edition)

10. Bipolar Disorder — General Aspects (English Edition)

11. Programação Neurolinguística – Começando pelo começo (Portuguese Edition)

12. Neuro-Linguistic Programming — Beginning by the Beginning (English Edition)

13. Mensagens para Postar, Curtir & Compartilhar. Vol. 1

14. Mensagens para Postar, Curtir & Compartilhar. Vol. 2

15. Mensagens para Postar, Curtir & Compartilhar. Vol. 3

16. Coleção de textos em E-Cards. Vol. 1

17. Coleção de Textos em E-Cards. Vol. 2

18. Compilação de Textos & Contos Reflexivos (Portuguese Edition)

Prêmios & Homenagens

a) Autor do texto Estafeta Sem Rumo do Prêmio Cecílio Barros Pessoa de Antologia – Academia Cabista de Letras, Artes e Ciências de Arraial do Cabo – RJ.

b) Doutor Honoris Causa em **TDAH** pela *Brazilian Association of Psychosomatic Medicine* em reconhecimento a contribuição científica e relevância social do livro: Eu & Meu Amigo **DDA** - Autobiografia de um Portador do Distúrbio do Déficit de Atenção.

c) Um dos vencedores do Prêmio: Além da Terra, Além do Céu de poesia contemporânea – Editora Chiado (Portugal).

d) Um dos vencedores do Sarau Brasil 2018 — Concurso Nacional de Novos Poetas com o Texto "A Atormentação Criadora" (Vivara Editora Nacional)

Contatos & Mídias Sociais

E-mail: marcusdeminco@gmail.com
Website: http://marcusdeminco.com/

Blog: http://marcusdeminco.blogspot.com.br/
Twitter: https://twitter.com/marcusdeminco
Facebook: https://www.facebook.com/marcus.deminco
Pinterest: https://www.pinterest.com/marcusdeminco/
Instagram: @marcusdeminco
Youtube: https://www.youtube.com/channel/UCRu8yfSoLewjuX6GO6o7Nmw
G+: https://plus.google.com/u/0/114858320913983491464
Tumblr: http://deminco.tumblr.com/
Flickr: https://www.flickr.com/photos/143729713@N06/with/28004881736/
GoodReads: https://www.goodreads.com/author/show/7792932.Marcus_Deminco/
Pensador: https://pensador.uol.com.br/autor/marcus_deminco/

CRÉDITOS

— Formatação, Diagramação & Conversão para e-book –

Carolina Mello Teixeira

carolina_mteixeira@yahoo.com.br

— Criação de Capa –

Erick Cerqueira (Marketing & Design)

http://esc3d.com.br

Se você gostou desta prévia aguarde e confira toda História da 2ª Edição do livro: EU & meu Amigo DDA – A Primeira autobiografia de um jovem portador do Transtorno do Déficit de Atenção com Hiperatividade (TDAH). Lançamento previsto para Maio de 2019.

www.ingramcontent.com/pod-product-compliance
Lightning Source LLC
Chambersburg PA
CBHW061352250726
48657CB00004B/1458